MALEN MIT ACRYL

PETRA WOLF
SOPHIE ILKAY

EMF

EIN BUCH DER
EDITION MICHAEL FISCHER

INHALTSVERZEICHNIS

Jeder Pinselstrich ist eine Gelegenheit, eine neue Welt zu erschaffen und sich selbst zu entdecken. Das Malen ist wie ein Tanz auf der Leinwand, eine Verbindung zwischen Farben und Emotionen, die uns erlaubt, unsere innere Schönheit zu entfalten.

Komm mit auf eine künstlerische Reise!

„Hi, hier ist wieder Petra Wolf. Schön, dass du da bist."

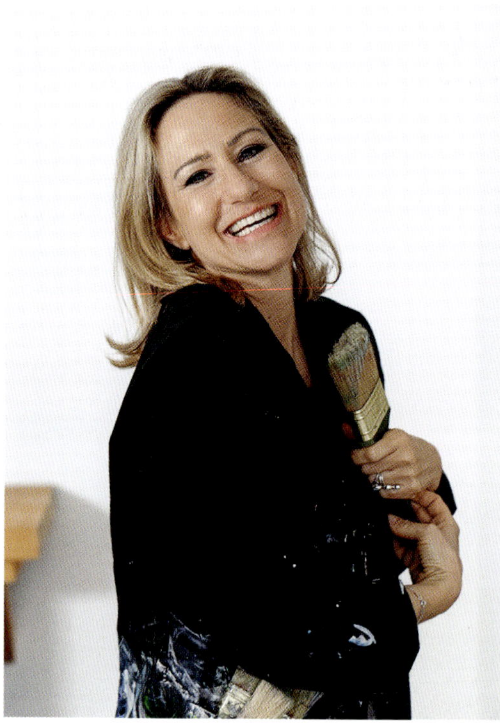

Dieses Buch ist für dich und deine kreative Seele. Jeder Mensch hat eine künstlerische Seite, davon bin ich überzeugt. Es geht nicht nur einfach um das Malen von Bildern, sondern auch darum, sich Zeit zu nehmen, in sich zu gehen, den Kopf auszuschalten, auf seine Intuition zu hören und, last but not least, sich zu vertrauen.

Das alles sind Dinge, die wir im Alltag vergessen. Wir verlieren uns. Ich weiß, wovon ich spreche. Erst als das Schicksal mich fast in die Knie zwang, habe ich mich endlich wieder meiner kreativen Seite zugewandt, und das hat mir, neben der Liebe meines Mannes und meiner Tochter, immens geholfen. Nach und nach wurde ich wieder ich selbst.

Dieses Buch habe ich mit meinem Herzblut geschrieben. Ich habe dir darin neben den Grundlagen der Malerei und vielen Ideen und Inspirationen, die Anfertigung einiger meiner Gemälde step-by-step beschrieben. Die einzelnen Schritte meiner Bilderstellung sollen deine Kreativität anregen. Ich will nicht, dass du die Gemälde eins zu eins abmalst. Also sei bitte vollkommen frei und gib dich deiner Kunst hin. Vielleicht kann diese dein Leben auch so bereichern wie meines.

Deine Petra

„Social Media ist für Künstler heutzutage ein wichtiges Tool, um gesehen zu werden."

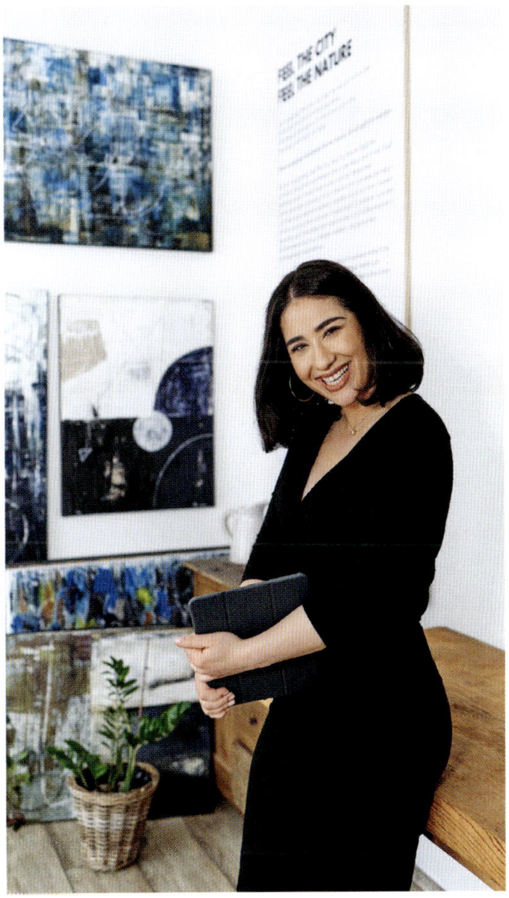

Die Kunst lebt davon, dass sie gesehen, gehört, gefühlt und interpretiert wird. Und was eignet sich hierfür besser als Online-Plattformen mit Milliarden von Nutzer*innen?

Social Media hat die Kunstwelt verändert und gibt Künstler*innen auf der ganzen Welt die Chance, gesehen und wertgeschätzt zu werden. Gerade während der Pandemie, als die Galerien geschlossen und keine Ausstellungen stattgefunden haben, konnte man trotzdem Menschen virtuell erreichen. Künstler*innen, die also auch online vertreten waren, hatten hier einen großen Vorteil.

Durch Instagram und TikTok konnten wir die Kunst meiner Mutter in kürzester Zeit international bekannt machen, Gemälde verkaufen und eine starke Community voller kunstbegeisterter Menschen aufbauen. Daher war es uns sehr wichtig, ein Kapitel dieses Buches Social Media zu widmen. Ich habe einen kompakten und hilfreichen Leitfaden für dich erstellt, um dir bei deiner Online-Präsenz zu helfen – egal ob du bereits angefangen hast oder noch ganz am Anfang stehst. Mit meinem Kapitel zu Social Media ab Seite 33 möchte ich dich inspirieren und vor allem motivieren, deine Sichtbarkeit zu erhöhen und die Präsentation deiner Kunst auf ein neues Level zu bringen.

Deine Sophie

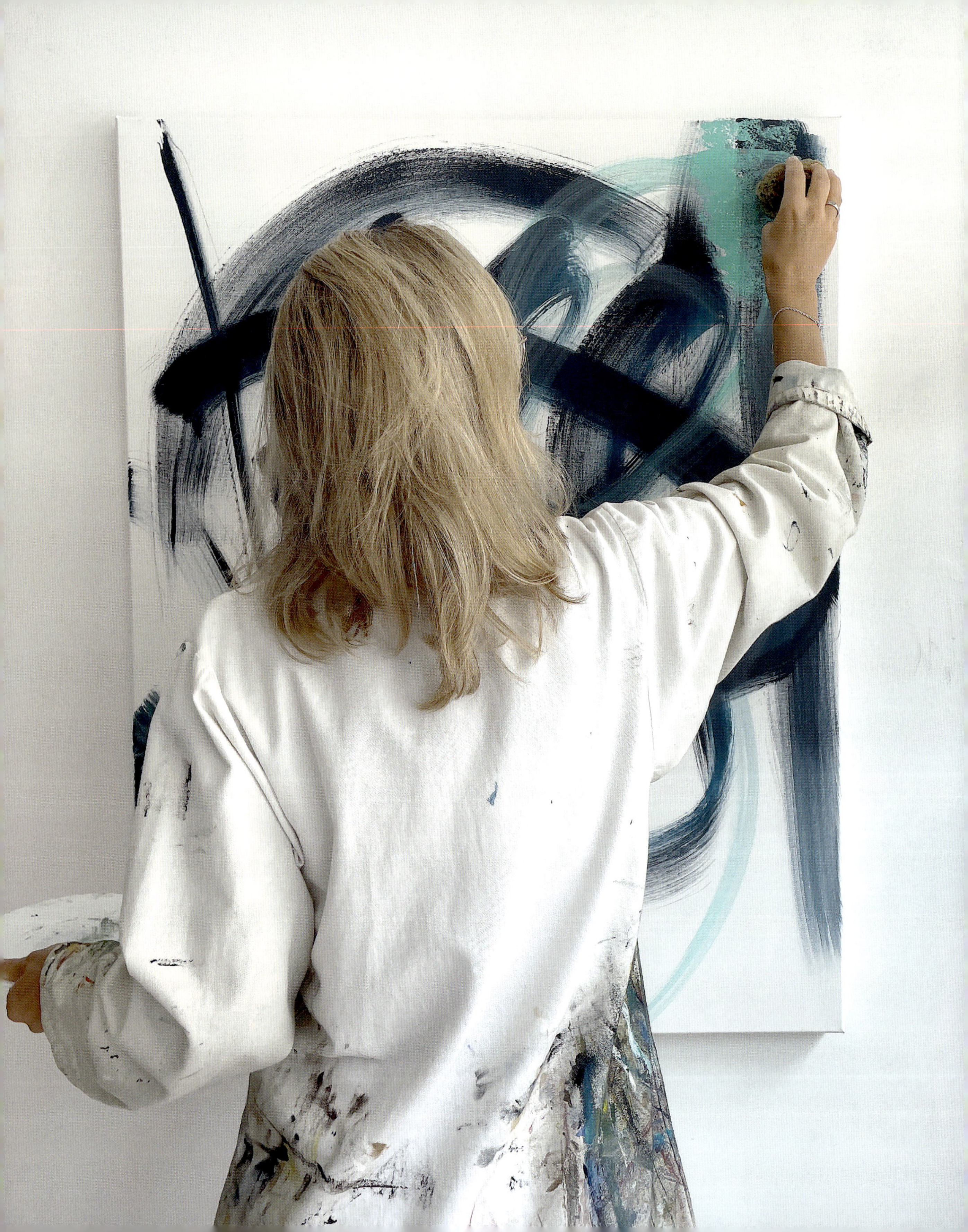

GRUNDLAGEN

WERKZEUGE & MATERIALIEN

Das richtige Werkzeug hilft dir, deine Vision auf die Leinwand zu bringen. Die vielen Anwendungsmöglichkeiten der konventionellen und unkonventionellen Werkzeuge animieren geradezu, kreativ zu werden. Insbesondere bei der abstrakten Kunst kannst du mit diesen eindrucksvolle Effekte kreieren und ein einzigartiges Kunstwerk erschaffen. Ich führe dich zunächst durch die Welt der Pinsel und Spachtel. Anschließend zeige ich dir meine persönlichen Favoriten und einige spannende Alternativen zum Auftragen von Farben. Also: auf den Pinsel, fertig, los!

KLASSISCHE MATERIALIEN

In diesem Kapitel zeige ich dir, welche klassischen Materialien ich nutze. Zu den üblichen Werkzeugen gehören für mich Pinsel und Spachtel. Kreiden, Stifte und Acrylfarben sind unerlässliche Materialien, um abstrakte Kunstwerke zu erschaffen.

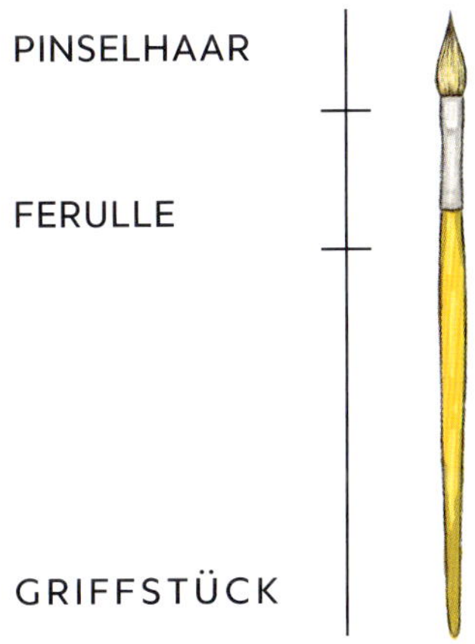

PINSEL

Die Auswahl an Pinseln ist groß. Damit dich die Vielfalt nicht überfordert, gebe ich dir einen Überblick über die verschiedenen Pinselarten und stelle dir die wichtigsten Basics vor.

PINSELGRÖSSE

Mache dir im Vorhinein Gedanken, was genau du malen möchtest. Greife bei Feinheiten eher auf kleine Pinsel mit weichen Haaren zurück. Für größere Flächen eignen sich hingegen große, breite Pinsel.

PINSELGRUNDFORMEN

Allgemein kann zwischen dem **Rundpinsel** und dem **Flachpinsel** unterschieden werden. Darunter können die verschiedenen Pinselarten eingeordnet werden.

Spitzer Rundpinsel:	geeignet für Skizzen oder Outlines
Schlepperpinsel:	geeignet für Linien oder Schriften
Sehr feiner Rundpinsel:	geeignet für sehr feine Details
Breiter Flachpinsel:	geeignet für breite und gerade Linien und großflächiges Ausfüllen
Katzenzungenpinsel:	geeignet für runde, weiche Kanten, Kurven, Details und Farbübergänge
Fächerpinsel:	geeignet für natürliche Darstellungen/Texturen, coole Effekte, zum Verblenden oder Vergolden
Eckmaler:	geeignet für Ecken und Herausarbeiten von Details

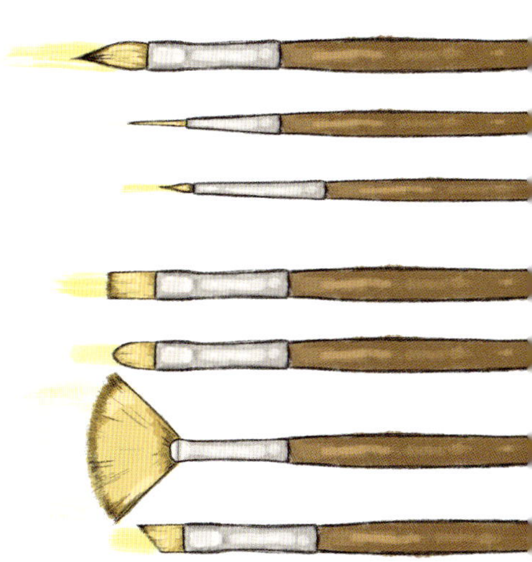

PINSELHAARE

Man kann zwischen Echthaar-, Synthetik- und Borstenpinseln unterscheiden. **Echthaarpinsel** sind besonders empfindlich und pflegeintensiv. Da diese die Farben stärker aufsaugen, eignen sie sich eher für flüssige bzw. verdünnte Acryl- oder Aquarellfarbe und sanfte Farbverläufe. Synthetik- und Borstenpinsel sind für das Malen mit Acrylfarben meist besser geeignet. **Synthetikpinsel** sind preiswerter und robuster als Echthaarpinsel, und sie sind einfacher zu reinigen. **Borstenpinsel** bestehen meist aus Schweineborsten und sind dicker und fester als Haarpinsel. Mit ihnen kannst du besonders gut dickflüssige Farbe auftragen und Strukturen kreieren.

Wie du siehst, hat jeder Pinsel seine Vor- und Nachteile. Allerdings möchte ich an dieser Stelle noch etwas anmerken: **Naturhaarpinsel** sind überwiegend Nebenprodukte aus der Pelzindustrie und Massentierhaltung und stammen meist aus dem asiatischen Raum. Unter welchen Bedingungen die Tierhaare gewonnen werden, wird i. d. R. nicht offengelegt. Grundsätzlich kann aber davon ausgegangen werden, dass die Tierschutzstandards nicht mit denen in Deutschland gleichgesetzt werden können. Deshalb empfehle ich, auf synthetische Pinsel zurückzugreifen oder sich über die Herkunft und Herstellung der Pinselhaare bei der jeweiligen Firma zu informieren.

Petras Tipp

Achte auf die Länge des Pinselgriffs. Malst du lieber am Tisch, würde ich dir einen Pinsel mit einem kurzen Stiel empfehlen. Wenn du eher an der Wand oder Staffelei arbeitest, solltest du auf einen langstieligen Pinsel zurückgreifen.

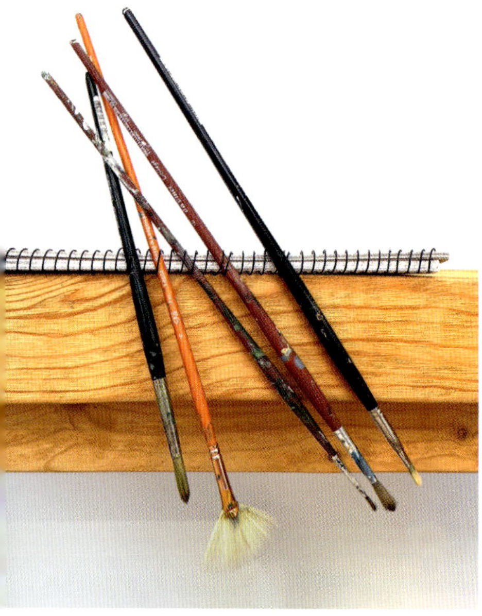

PINSEL REINIGEN

Damit du lange Freude an deinen Pinseln hast, ist es wichtig, diese richtig zu pflegen und zu reinigen. Ist die Acrylfarbe in den Pinseln eingetrocknet, sind sie nur noch sehr schwer zu reinigen. Achte deshalb darauf, deine Pinsel während des Malprozesses immer mal wieder in einem Glas Wasser auszuwaschen (Vorsicht: nicht zu lange im Wasser stehen lassen, sonst verbiegen die Borsten). Solltest du das jedoch einmal vergessen, kannst du den Pinsel mit Hilfe einer Kernseife oder Pinselseife reinigen. Bei hartnäckigen, eingetrockneten Farbresten kannst du Essig erhitzen und die Pinsel darin einige Minuten einweichen.

Trocknen lässt du deinen Pinsel am besten kopfüber. Ansonsten können Farbrückstände in den Bereich zwischen Pinselhaar und -blech fließen. Dies kann dazu führen, dass sich die eingetrocknete Farbe dort ausdehnt, die Pinselborsten auseinanderdrückt und den Pinsel verformt. Passende Pinselständer kannst du dir im Künstlerbedarf kaufen, oder du machst es wie ich und verwendest einfach die Spirale eines Collegeblocks (siehe Foto).

MALMESSER BZW. SPACHTEL

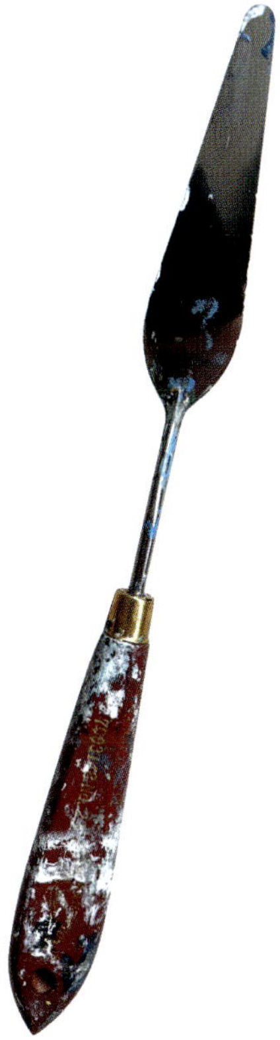

Nicht nur Pinsel eignen sich für das Auftragen von Farbe. Mit Malmessern bzw. Spachteln kannst du die Farben auf deiner Palette mischen, aber auch die Acrylfarbe direkt auf der Leinwand ausbreiten, mischen, kratzen und spachteln. Ich arbeite sehr gerne mit diesem Werkzeug. Insbesondere für die Impastotechnik (siehe Seite 26) ist das Malmesser ein geeignetes Tool, um Strukturen und Plastizität in deinen Kunstwerken zu erzeugen.

Das Arbeiten mit Malmessern oder Spachteln bringt einige Vorteile mit sich, die einem den Arbeitsprozess vereinfachen können. Während Pinsel richtig gesäubert und gepflegt werden müssen, verläuft die Reinigung der Spachtel und Malmesser viel einfacher und unkomplizierter. Diese brauchst du nach dem direkten Verwenden lediglich mit einem Tuch abzuwischen.

VERWENDUNG

Spachtel oder Malmesser kannst du verwenden, um die Acrylfarbe von der Leinwand wegzukratzen, falls dir dein letzter Arbeitsschritt nicht mehr gefällt. Ich verwende meine Malmesser oder Spachtel auch gerne dazu, um Details in mein abstraktes Gemälde hineinzukratzen. Allerdings kannst du mit diesen natürlich nicht so genau arbeiten wie mit einem feinen Pinsel. Du siehst also schon, jedes Werkzeug hat eine andere Funktion und seine eigenen Vor- und Nachteile.

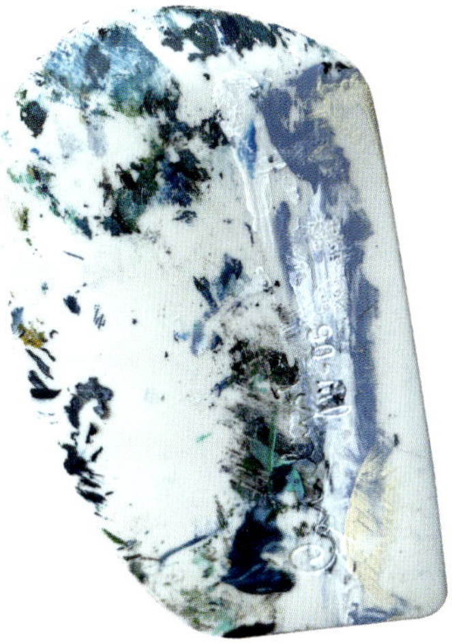

AUSFÜHRUNGEN

Spachtel gibt es in vielen verschiedenen Ausführungen. Von Silikonspachtel bis hin zu Kunststoffspachtel – hier bleiben keine Wünsche offen! Probiere dich am besten aus und schau, mit was du am besten arbeiten kannst.

Für den Anfang würde ich dir ein kleines Malmesserset mit unterschiedlichen Klingenlängen zwischen 4 und 9 cm empfehlen. Achte zudem darauf, dass die Klingen aus rostfreiem Edelstahl bestehen und die Griffe (am besten leicht abgewinkelt) gut in deiner Hand liegen.

KREIDE, STIFTE & CO.

Bei der Anfertigung meiner abstrakten Gemälde greife ich nicht nur zu Acrylfarbe, sondern auch sehr häufig zu Kreiden und Stiften. Ich arbeite diese gerne in die verschiedenen Schichten ein und verleihe dem Bild hierdurch neben Tiefe auch eine fesselnde Optik. Denn schon die simpelsten Linien können bei Betrachter*innen Gefühle hervorrufen.

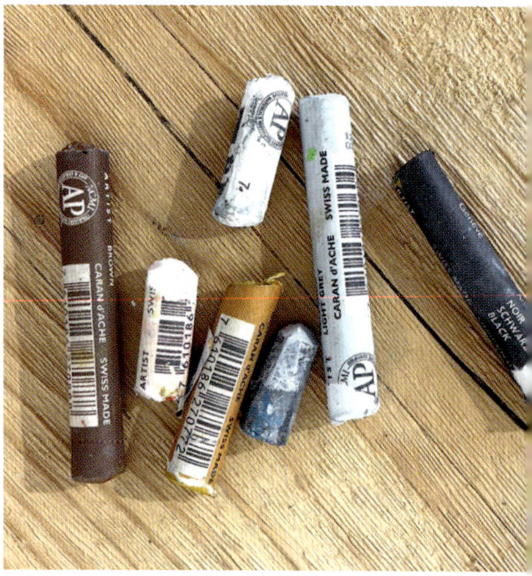

KREIDE

Man kann zwischen **Ölkreiden**, **Ölpastellkreiden** und **Pastellkreiden** unterscheiden. Ich persönlich verwende am liebsten Ölpastellkreiden oder Ölkreiden, da diese sehr deckend sind und gut an der Oberfläche haften. Beide enthalten Öl, das als Klebemittel fungiert und die Farbe an das Papier „klebt". Pastellkreiden sind im Gegensatz dazu fettfrei und enthalten kein Wachs oder Öl. Daher sind sie sehr staubig und können gut verwischt werden. Für das Malen auf Leinwänden eignen sie sich daher, meiner Erfahrung nach, nur bedingt.

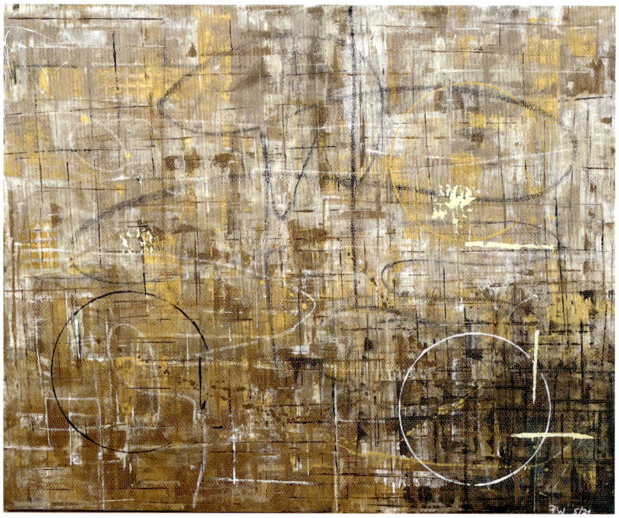

Bei meinem Bild „PLEASURE" habe ich viel mit Kreiden und Acrylstiften gearbeitet. Mit ihnen konnte ich Linien ziehen und dem Bild so eine interessante Optik verleihen.

STIFTE

Acrylstifte oder Acrylmarker halten auf einer Leinwand aufgrund der rauen Struktur besonders gut. Die Farben ziehen gut ein und verwischen nicht. Zudem trocknen diese in der Regel sehr schnell, wodurch der Malprozess ziemlich vereinfacht wird. Acrylstifte gibt es in verschiedenen Stärken, sodass du nicht nur dicke, sondern auch dünne Linien und Muster auf dein Bild malen kannst.

ACRYLFARBEN

Während die Öl- oder Aquarellmalerei bereits seit Jahrhunderten zu künstlerischen Zwecken verwendet wird, begann das Malen mit Acryl erst in den 1950er-Jahren. Aufgrund ihrer vielen Vorteile und Einsatzmöglichkeiten sind Acrylfarben heutzutage sehr beliebt und besonders für Anfänger*innen gut geeignet.

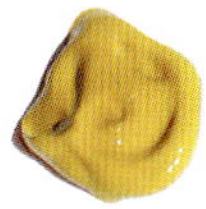

ACRYLFARBE

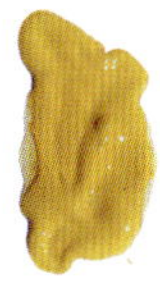

GOUACHE

AQUARELL-FARBE

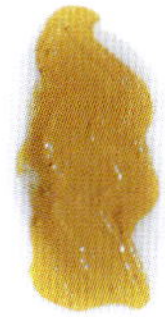

ÖLFARBE

ZUSAMMENSETZUNG

Künstleracrylfarben setzen sich in der Regel aus drei Bestandteilen zusammen: Pigment, Bindemittel und Lösungsmittel. Du kannst deine Farben bereits fertig gemischt in jedem Künstlerbedarf kaufen oder sie dir selbst mit Pulverpigmenten, Acrylbinder und Wasser anmischen. Mit verschiedenen Malmitteln, wie beispielsweise Verdickungsmittel, Verzögerer oder Dispersionen, kannst du die Acrylfarbe in ihrer Textur, Trockenzeit oder Oberflächenwirkung verändern.

VORTEILE

Im Gegensatz zur Ölmalerei trocknet die Acrylfarbe sehr schnell und lässt sich gut übermalen, da sie eingetrocknet nicht mehr wasserlöslich ist. Sollte dir dein fertiges Gemälde also doch nicht so gut gefallen, kannst du es ohne Probleme überarbeiten. Auch ein Übereinanderschichten von Farbaufträgen ist mit Acryl kein Problem. Zudem musst du bei Acrylfarben keine Verdünner oder Reiniger wie Terpentin verwenden, die nicht nur leicht entzündlich, sondern auch gesundheitsschädlich sein können.

SCHICHTEN MIT VERSCHIEDENEN MEDIEN

Wasser-, Öl- und Acrylfarben kannst du zwar nicht miteinander mischen, du kannst sie jedoch übereinanderschichten. Hierbei solltest du auf folgende Reihenfolge achten: erst Aquarell-, dann Acryl-, und zum Schluss Ölfarben.

Petras Tipp

Ein hoher Weißanteil in der Acrylfarbe deckt die untere Schicht, auch bei einem sehr dünnen Auftrag, (fast) komplett ab. Je geringer der Weißanteil in der Farbe ist, desto besser scheinen die Farben der unteren Schichten durch.

WIE SCHÜTZE ICH MEINE ACRYLGEMÄLDE?

Dein fertiges Bild am Ende zu versiegeln hat viele Vorteile. Doch insbesondere, wenn du dich mit Kreiden künstlerisch austoben möchtest, würde ich dir diesen Schritt unbedingt empfehlen. Du kannst hier zwischen verschiedenen Finishes wählen – matt, seidenmatt oder glänzend. Nicht nur verhinderst du so das Verwischen der Kreiden, sondern du bringst auch die Farben zum Leuchten und schützt dein Gemälde vor Staub, Luftverschmutzung und auch meist vor lichtbedingten Farbveränderungen. Wenn mein Bild komplett getrocknet ist, verwende ich am liebsten ein geruchsarmes Sprühfirnis. Achte darauf, dass dein Kunstwerk erst zwei Wochen nach dem Firnissen verschickt oder verpackt werden sollte.

Petras Tipp

Sprühe dein Gemälde am besten draußen oder in einem gut belüfteten Raum ein.

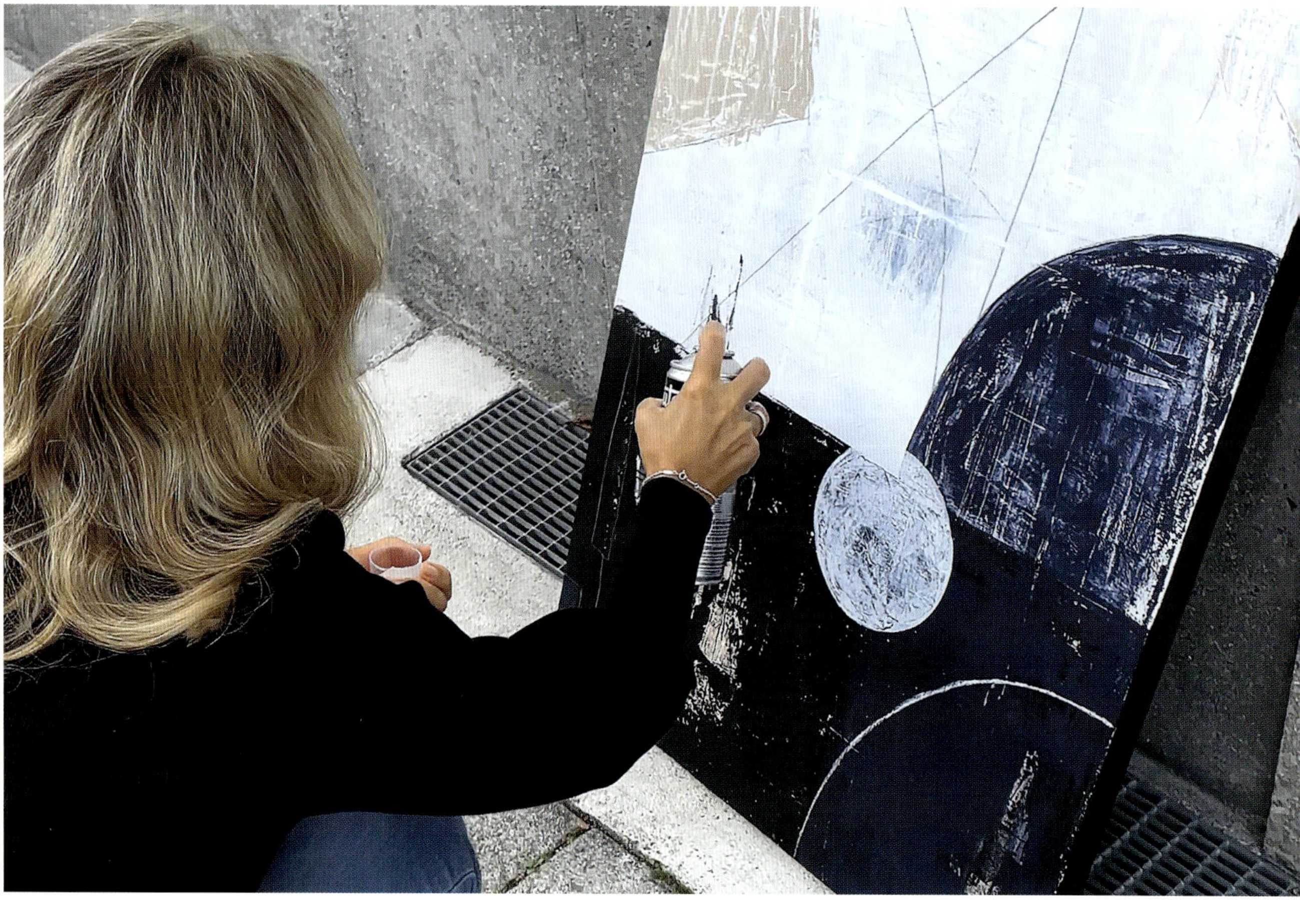

UNKONVENTIONELLE KÜNSTLERWERKZEUGE

Meine Kreativität spiegelt sich nicht nur in meinen Bildern, sondern auch in der Auswahl meiner Werkzeuge wider. Ich finde es sehr spannend, über die eigentliche Funktion eines Produktes hinauszublicken. Manchmal regt eine neue Form den kreativen Prozess an und gibt dir neue Ideen, die du dann künstlerisch umsetzen kannst. In diesem Kapitel stelle ich dir ein paar meiner Lieblingswerkzeuge vor, die ich „zweckentfremdet“ habe und die nun einen festen Platz bei meinen Malutensilien einnehmen.

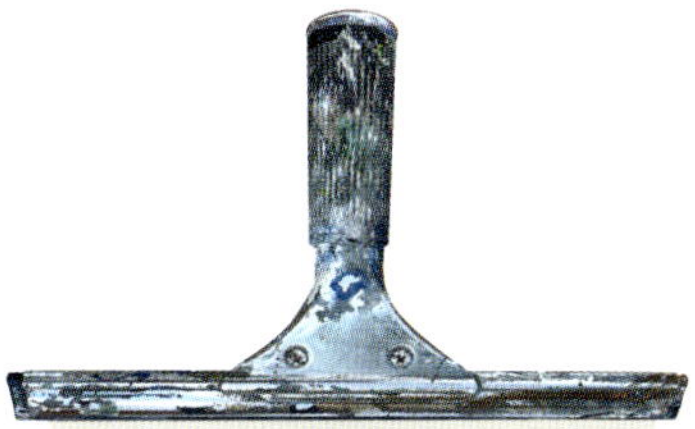

FENSTERWISCHER & CO.

Den Fensterwischer verwende ich bei vielen meiner Bilder, denn er hilft mir, interessante Texturen und Effekte zu erzielen. Mit ihm kann man die Farbe auf der Leinwand sehr dünn auftragen und verteilen, mehrere Farben miteinander mischen und schöne Farbübergänge kreieren. Zudem punktet er in der Reinigung und ist immer wieder verwendbar.

Weitere unkonventionelle Werkzeuge, die ich regelmäßig verwende, sind:

- Kuchenheber
- Backformen
- Kämme
- Teigausroller
- Handbesen
- Glättkelle

KREATIV WERDEN

Im Haushalt findet man multifunktionale Helfer, die einem mit dem richtigen Blickwinkel auch in der Kunst behilflich sein können. Diese Haushaltsgegenstände sind eine großartige Ergänzung zu den klassischen Künstlerwerkzeugen. Die meisten davon hast du wahrscheinlich sogar schon zu Hause. Warum sollte beispielsweise ein Kuchenheber nur dazu da sein, ein Kuchenstück auf den Teller zu legen, wenn sich dieser auch perfekt dazu eignet, Acrylfarbe auf die Leinwand aufzutragen?

Ich bin mir sicher, du findest noch viele weitere interessante Gegenstände, die dir bei deiner Kunst helfen können und dir viel Spaß bereiten.

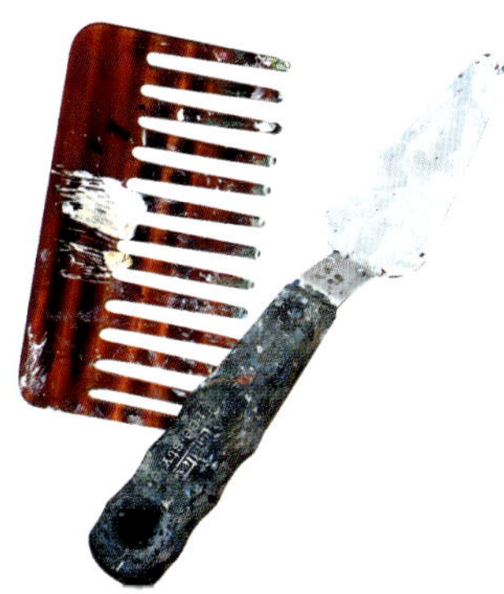

DER RICHTIGE MALGRUND

Bevor du anfängst zu malen, solltest du dir über den Malgrund Gedanken machen. Da Acrylfarben auf sehr vielen (fett- und staubfreien) Untergründen haften, hast du eine große Auswahl. Am häufigsten wird die auf einen Keilrahmen gespannte Leinwand verwendet, aber auch Acrylpapier, Holz oder Stein können interessante Alternativen sein.

LEINWAND & KEILRAHMEN

Leinwände bestehen entweder aus Leinen oder Baumwolle und einer feinen oder gröberen Körnung. Möchtest du Details in dein Bild einarbeiten, ist eine feinere Körnung von Vorteil. Leinen ist widerstandsfähiger und formbeständiger, somit ist dieses Material für größere Formate zu empfehlen. Baumwollleinwände sind nicht so reißfest, dafür aber günstiger und flexibler.

Ich würde dir empfehlen, eine bereits vorbespannte und grundierte Leinwand aus dem Künstlerfachhandel zu verwenden. Mittlerweile erhält man hochwertige Leinwände in vielen Formaten. Möchtest du dein Gemälde jedoch individueller gestalten oder ein besonderes Format verwenden, kannst du deine Leinwand auch selbst auf einen eigens hergestellten Keilrahmen spannen und grundieren.

Petras Tipp

Übrigens kannst du auf diesen stabilen Untergründen auch sehr gut die Farben pastos auftragen, da sich diese, im Gegensatz zur Leinwand, nicht verziehen.

ACRYLPAPIER

Acrylpapier kann aufgrund der hohen Saugkraft und Stabilität einen pastosen und nassen Farbauftrag sehr gut aufnehmen, ohne sich zu wellen. Ich nutze es gerne, um neue Techniken oder Farben auszuprobieren.

PLATTEN AUS HOLZ/METALL/STEIN/GLAS

Mit Acrylfarben kannst du auch auf eher unkonventionellen Untergründen malen. Bei Holz eignen sich z. B. unbehandelte MDF- oder Spanplatten. Die anderen Materialien sollten vorher ganz leicht angeraut und bei Bedarf mit einem passenden Haftgrund grundiert werden.

STRUKTUREN

Strukturen verleihen einem Gemälde Plastizität. Ich zeige dir, wie du verschiedene Strukturen für einen tollen Effekt in deinen Bildern kreieren kannst, und stelle dir dazu einige Materialien vor.

ZEITUNGSPAPIER/SEIDENPAPIER

Mit Zeitungs- oder festerem Seidenpapier kannst du die Leinwand vollständig oder partiell bekleben. Als Kleber verwende ich meist weiße Acrylfarbe. Man kann auch Bastelkleber oder Acrylbinder verwenden. Bitte gut trocken lassen (ca. einen Tag) und dann erst mit Farbe darübermalen.

ALUFOLIE

Einen besonderen Effekt erhältst du mit (recycelter) Alufolie, die du mit Farbe oder Kleber aufklebst. Nach kurzer Trocknungszeit von ca. einem Tag kannst du mit Acrylfarbe darübermalen. Um dir den Effekt der glänzenden Folie zunutze zu machen, bemale die Folie nicht vollflächig oder nimm nach dem Farbauftrag Farbe wieder ab, indem du z. B. mit einem Kamm Furchen auf der Alufolie ziehst oder Linien mit einem Pinselstiel einkratzt.

STRUKTURPASTE

Strukturpaste bzw. Spachtelmasse oder Modellierpaste sind ebenfalls für das Kreieren von Strukturen nützlich. Es gibt eine große Auswahl, von groben bis hin zu sehr feinen Pasten. Selbst herstellen kannst du sie, indem du z. B. feinen Sand in die Acrylfarbe mischst. Die Pasten müssen unbedingt circa ein bis zwei Tage trocknen, bevor du Acrylfarbe darüberaufträgst.

PASTOSER FARBAUFTRAG

Eine weitere Möglichkeit, Strukturen zu erhalten, ist es, Farbe mit einer sehr viskosen Konsistenz zu nutzen. Ich mische dazu ein spezielles Gel-Malmittel oder Strukturpaste der Acrylfarbe bei oder verwende sogenannte Heavy-Body-Acrylfarben.

Petras Tipp

Strukturen stellen eine tolle Basis für dein Bild dar und können dir für die weiteren Arbeitsschritte eine Inspiration sein.

GESTALTUNGS-MITTEL

Deine Farben liegen bereit, die Pinsel sind ausgepackt, und eine leere Leinwand liegt vor dir ... und nun? Natürlich kannst du einfach drauflosmalen und dein Kunstwerk intuitiv anfertigen. Künstler*innen sollten, meiner Meinung nach, absolut frei sein. Man darf mit seinem Bild das zeigen, was man möchte und auch wie man es möchte. Ich finde es aber hilfreich, wenn man gewisse Theorien und Gesetze kennt, denn sie können dir helfen, dein Bild noch harmonischer wirken zu lassen. In diesem Kapitel zeige ich dir, wie du mit Komposition, Perspektive und Farben ausdrucksstarke Gemälde anfertigen kannst, die sowohl Gefühle als auch Botschaften vermitteln.

KOMPOSITION & FORM

Künstler*innen ordnen die verschiedenen Gestaltungselemente in ihrem Bild bewusst in einem bestimmten Verhältnis zueinander oder auch zur Bildfläche an, um eine Wirkung zu erzielen. Mir ist wichtig, dass mein Gemälde die Menschen, die es betrachten, nicht kalt lässt. Ich bin erst mit meinem Bild zufrieden, wenn es mich glücklich macht und es das zeigt, was ich zeigen wollte. Bevor ich anfange zu malen, stelle ich mir deshalb bereits ein paar Fragen.

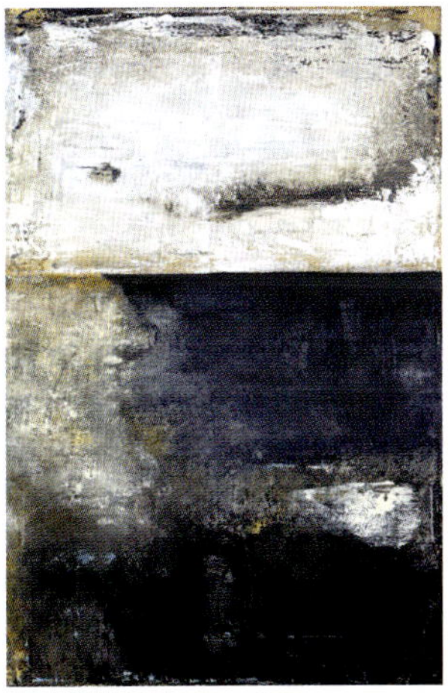

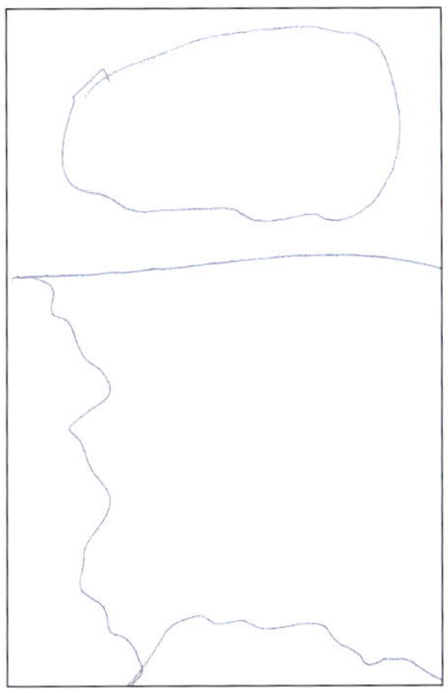

WIE SOLL SICH MEIN BILD ZUSAMMENSETZEN?

Oft hilft schon eine grobe Kompositionsskizze vom Aufbau meines Bildes (siehe Bilder links).

MIT WELCHEN MITTELN KANN ICH MEINE EMOTIONEN AUF DER LEINWAND DARSTELLEN?

Die Festlegung der Farben, Strukturen und Malwerkzeuge vereinfacht den Malprozess, und so kannst du dich später voll und ganz auf die kreative Anfertigung des Gemäldes konzentrieren.

WIE TEILE ICH DIE GESAMTFLÄCHE MEINES BILDES AUF?

Der Goldene Schnitt wirkt besonders harmonisch und ausgewogen. Man teilt die Bildfläche nach diesem Prinzip in einem Verhältnis von einem Drittel zu zwei Dritteln ein. So erhält man vier Schnittachsen (zwei senkrechte, zwei waagrechte) und neun Felder. Diese schneiden sich an vier Punkten, den sogenannten Harmoniepunkten. Beachte folgende Hinweise, damit das Gemälde auf den Betrachtenden ästhetisch wirkt:

- Der Hauptakzent sollte etwa auf den Harmoniepunkten liegen.
- Der Horizont sollte nicht in der Mitte des Bildes gezeichnet werden, sondern im oberen oder unteren Drittel der Bildfläche.
- Ein Drittel der Bildfläche sollte dunkel und zwei Drittel sollten hell bemalt werden.

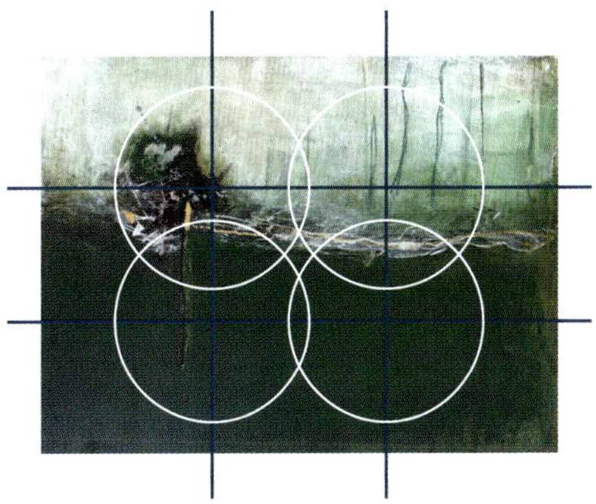

PERSPEKTIVE

Ein weiteres Gestaltungsmittel, das in Gemälden berücksichtigt werden kann, ist die Perspektive. Ich stelle mir deshalb, bevor ich anfange zu malen, die Frage: Wie kann ich auf meinem Malgrund, einem zweidimensionalen Medium, die Illusion Raum erzeugen? Dieses Thema ist sehr komplex, daher versuche ich, dir hierzu das Wichtigste in Kürze zu erläutern.

1.

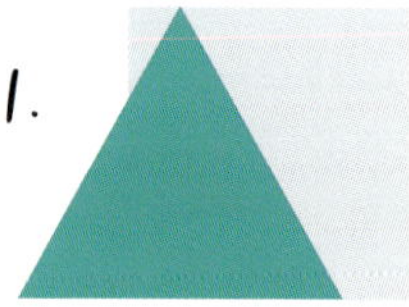

PERSPEKTIVE IN DER LANDSCHAFTSMALEREI

Um in der gegenständlichen Kunst eine optische Täuschung von Raum herzustellen, gibt es die Mittel der **Überschneidung** und der **Größenunterschiede.** Beispielsweise verdeckt das vordere Element (z. B. ein Dreieck) das hintere (z. B. ein Quadrat) teilweise. Dem Betrachtenden wird somit suggeriert, das Dreieck wäre vor dem Quadrat (Abbildung 1). Zudem gilt das Prinzip: Je weiter etwas weg ist, umso kleiner wird das Dargestellte. Ich male also auf meine Leinwand beispielsweise ein Dreieck und schräg darüber ein kleineres Dreieck (Abbildung 2). Und schon habe ich einen Raum angedeutet. Das größere Dreieck erscheint uns näher als das kleinere Dreieck.

2.

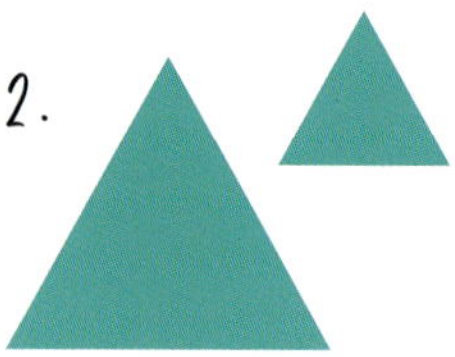

Des Weiteren kann durch Farben die Illusion eines dreidimensionalen Raumes erzeugt werden. Dieses Konzept nennt man **Farb- und Luftperspektive.** Je weiter etwas entfernt ist, desto unschärfer und blasser wird es aufgrund der Luftfeuchtigkeit. Vorne im Bild sollten die Konturen deshalb scharf und die Farben satter sein (Abbildung 3). Weit Entferntes wirkt zudem farblich kühler bzw. bläulicher. Man spricht hier von Verblauung. Das im Vordergrund dargestellte Objekt sollte deshalb mit warmen Farben gemalt werden (Abbildung 4).

3.

PERSPEKTIVE IN DER ABSTRAKTEN KUNST

Um bei der abstrakten Kunst eine optische Dreidimensionalität zu erreichen, arbeite ich mit mehreren Farbschichten ganz oder teilweise übereinander. Diese einzelnen Schichten müssen immer trocken sein, bevor ich eine weitere Schicht auflege. Dann kratze ich mit einem Kamm, Pinselstiel oder einer Spachtel in die noch nasse Schicht, sodass die unteren Farbschichten wieder hervorkommen. Es entsteht eine optische Tiefe im Bild. Zudem kann man, wie bei der Landschaftsmalerei, mit warmen und kühlen Farben arbeiten, sodass eine Illusion von Tiefe im Bild erzeugt wird.

4.

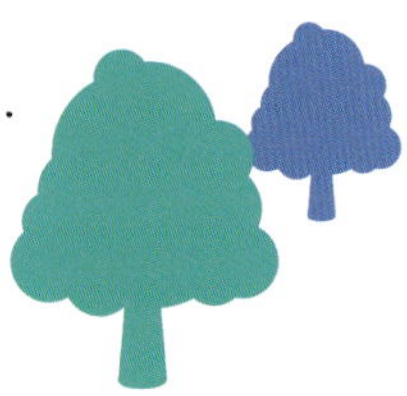

FARBEN

Wenn ich male, möchte ich meist meine Gefühle auf die Leinwand bringen. Dies schaffe ich unter anderem durch den Einsatz unterschiedlicher Farben, denn diese können eine Vielzahl von Emotionen und Stimmungen ausdrücken. In diesem Kapitel werfe ich mit dir einen genaueren Blick auf die Farbwahrnehmung, Kontraste und deren Wirkungen.

WAHRNEHMUNG

Jeden Tag bist du von Hunderten von Farben umgeben. Doch hast du dich schon mal genauer mit deren Wirkung und Bedeutungen beschäftigt? Zwar nehmen wir die Farben mit unserem Auge visuell wahr, doch persönliche Assoziationen, Erfahrungen oder unsere Kultur spielen eine wichtige Rolle bei der emotionalen Wahrnehmung. Farben können nämlich auch Gefühle und Reaktionen bei den Betrachtenden auslösen. Daher sind die Farben, die du für deine Gemälde aussuchst, auch ein kommunikatives Mittel, um deine eigenen Botschaften zu vermitteln und die Betrachtenden emotional zu lenken.

Das visuelle Wahrnehmen von Farben ist individuell und wird mit Hilfe von Licht hervorgerufen. Ohne Licht wäre unsere Welt also farblos. Durch verschiedene Helligkeitsstufen und Farbtöne können wir Gegenstände farblich voneinander differenzieren.

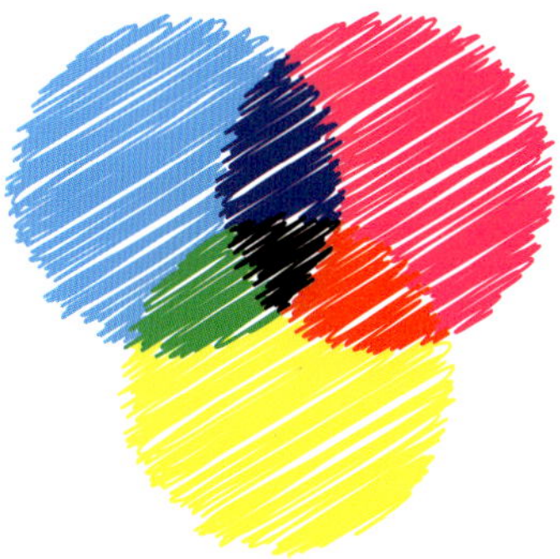

FARBENLEHRE

Der klassischen Farbenlehre nach gibt es die Primär-, Sekundär- und Tertiärfarben. Bei den Primärfarben handelt es sich um die Grundfarben, die sich nicht durch die Mischung anderer Farben erzielen lassen. Die Primärfarben in der Malerei sind Gelb, Magenta und Cyan. Diese kennst du vielleicht schon aus dem CMYK-Farbmodell, das im heutigen Druck weit verbreitet ist (siehe Abbildung links). Mischt du jeweils zwei Primärfarben miteinander, so erhältst du die Sekundärfarben Grün, Blau und Rot. Die Tertiärfarben erhältst du wiederum durch die Kombination einer Primär- und einer Sekundärfarbe. So ist es jedenfalls in der Theorie. Es gibt zahlreiche Farblehren und Farbkreise, die versuchen, das Farbsystem aufzuschlüsseln und zu erklären. Doch viele dieser Theorien sind veraltet und mittlerweile überholt, denn sie stellen meist eine zu starke Vereinfachung dar und/oder sind oft in der Praxis nicht umsetzbar. Wenn du zum Beispiel Blau und Rot miteinander mischst, sollte in der Theorie die Farbe Lila entstehen, doch beim Ausprobieren wirst du merken, dass sich auch mal ein matschiges Braun ergibt.

Farbtheorien lehren ein rein technisches und starres Farbverständnis. Farben sind jedoch so viel mehr als ein starres System. Farbe bewirkt etwas im eigenen Inneren, man kann sie fühlen, und man sollte sich mit ihnen in der Kunst richtig austoben können.

KONTRASTE

In der Welt der Farben kann man zwischen unterschiedlichen Farbkontrasten unterscheiden. Vier davon werde ich dir im Folgenden vorstellen. Kontraste sind in der Malerei sehr wichtig, da Bilder sonst oftmals als langweilig oder eintönig empfunden werden können.

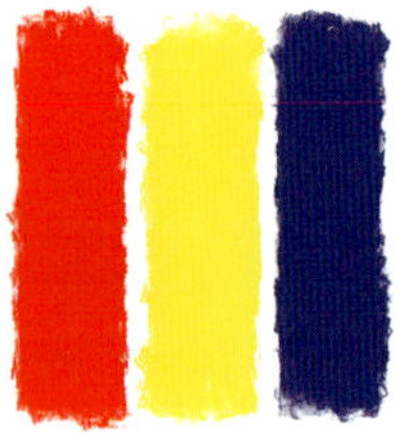

FARBE-AN-SICH-KONTRAST

Hier stehen Farben in reiner, ungebrochener Form nebeneinander. Am besten lässt sich dieser Kontrast an den Primär- und Sekundärfarben darstellen. Dein Bild wirkt durch diese laut und kraftvoll, und das Bunt erzeugt eine fröhliche Stimmung.

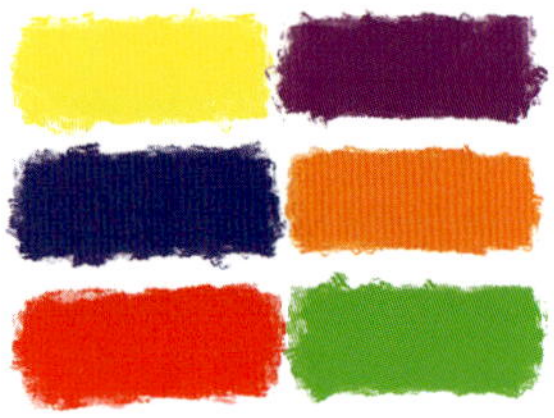

KOMPLEMENTÄRKONTRAST

Dieser Kontrast ist ein besonderer Fall des Farbe-an-sich-Kontrasts. Zu jeder Farbe gibt es nur eine komplementäre Farbe. Diese liegen sich im klassischen Farbkreis jeweils gegenüber. Verleihe so deinem Bild eine hohe Leuchtkraft und erhöhe die Farb- und Lichtwirkung.

HELL-DUNKEL-KONTRAST

Hierbei stehen helle und dunkle Farbtöne nebeneinander. Besonders effektiv ist dieser Kontrast mit den unbunten Farben Schwarz und Weiß, jedoch gilt er für alle Farben mit unterschiedlichen Helligkeiten. Verleihe deinem Bild dadurch Räumlichkeit.

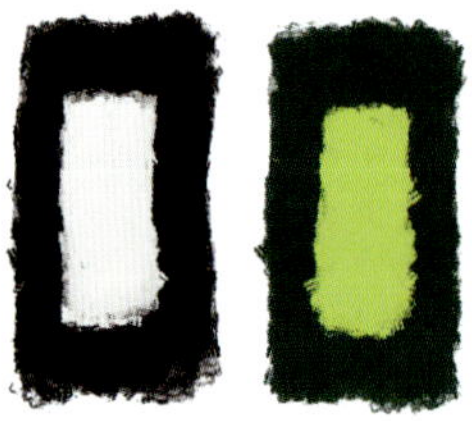

WARM-KALT-KONTRAST

Warme und kalte Farbtöne stehen hier nebeneinander. Die Einteilung erfolgt subjektiv auf Basis der Wahrnehmung von Menschen. Blautöne werden beispielsweise eher als kalt und Orangetöne als warm wahrgenommen. Du kannst mit diesem Kontrast besonders gut Assoziationen hervorrufen: schattig – sonnig, fern – nah oder feucht – trocken.

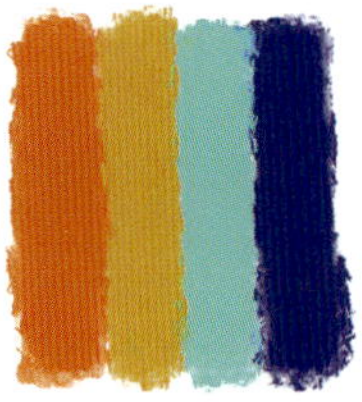

DIE WIRKUNG DER FARBEN

Rot

Die Farbe Rot ist sehr intensiv und fällt auf jeden Fall in deinen Bildern auf. Rot wird als Signalfarbe verwendet und wirkt kraftvoll und dynamisch. Gleichzeitig ist sie aber auch wärmend und symbolisiert Liebe und Leidenschaft.

Gelb

Die warme Farbe Gelb ist die Farbe der Sonne und gilt als hellste und leuchtendste aus dem Farbkreis. Mir ihr wird vor allem der Sommer und die Sonne assoziiert, und sie wirkt heiter und strahlend.

Grün

Die Farbe Grün ist die Farbe der Natur und ist vor allem für ihre harmonische und ausgeglichene Wirkung bekannt. Sie entspannt und steht für das Leben und Wachstum.

Blau

Bei der Farbe Blau denkt man gleich an die Weite und Tiefe, wie z. B. das Meer oder der Himmel. Sie vermittelt Seriosität und Beständigkeit. Dunklere Blautöne wirken noch ruhiger und tiefer, hellere jedoch frisch und luftig.

Orange

Die Farbe Orange setzt sich aus dem intensiven Rot und dem leuchtenden Gelb zusammen. Dadurch wirkt sie kräftig, aufheiternd und energetisch. Orange zieht, genauso wie Rot, die Aufmerksamkeit auf sich, ohne zu aufdringlich zu wirken.

Braun

Die Farbe Braun steht für die Erde und wird mit vielen natürlichen Produkten assoziiert (Holz, Leder oder Schokolade). Sie wirkt warm, bodenständig und zurückhaltend, aber auch ehrlich und aufrichtig.

Schwarz

Die unbunte Farbe Schwarz kann nicht nur bedrohlich, dominant und düster, sondern auch elegant, modern und luxuriös wirken. Zusammen mit einer anderen Farbe kann man mit Schwarz einen hohen Kontrast erzielen.

Weiß

Die unbunte Farbe Weiß wirkt friedlich und rein. Im Gegensatz zu den anderen Farben wirkt sie fast emotionslos und unterstützt die anderen Farben in ihrer Wirkung. Besonders in der minimalistischen Kunst wird sie gerne verwendet.

TECHNIKEN

Mit Acrylfarbe kannst du verschiedene Effekte auf die Leinwand zaubern. Natürlich musst du dich bei der Anfertigung deines Gemäldes nicht nur auf eine Maltechnik beschränken und kannst mehrere Techniken in einem Bild miteinander kombinieren. Doch wie und womit muss man die Acrylfarbe genau auftragen, um einen speziellen Farbauftrag zu kreieren? Was musst du beachten, wenn du mit Lasuren, Schwämmen oder Reliefstrukturen arbeiten möchtest? In diesem Kapitel zeige ich dir einige meiner Lieblingsmaltechniken.

LASURTECHNIK

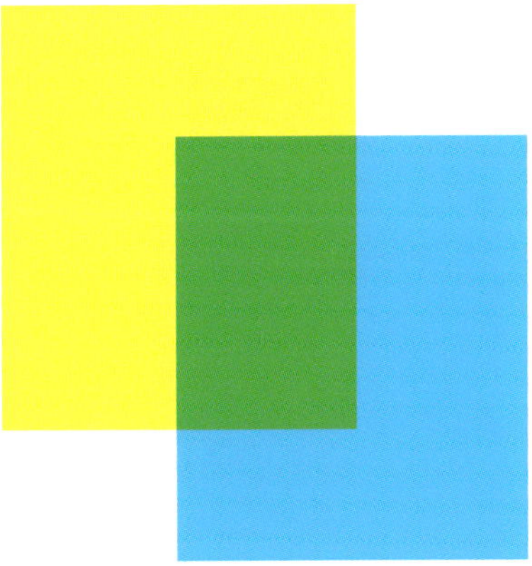

Bei dieser Technik wird die Acrylfarbe in dünnen, transparenten Schichten übereinander auf die Leinwand aufgetragen. Durch den Aufbau der Schichten kannst du eine schöne Tiefe erzielen und neue Farbtöne optisch entstehen lassen. Da die Acrylfarbe wasserfest trocknet, können mehrere Lasuren problemlos aufeinandergeschichtet werden.

Um die Lasurtechnik richtig anwenden zu können, muss die meist dickflüssige Acrylfarbe verdünnt werden. Hierzu kannst du entweder einen Acrylbinder, ein Acrylmedium oder Wasser nehmen. Anschließend verstreichst du mit einem weichen Pinsel, einer Silikonspachtel oder dem Fensterwischer die Farbe ganz dünn auf der Leinwand.

DAS SOLLTEST DU BEACHTEN:

- Achte darauf, dass du die aufgetragene Schicht erst gut trocknen lässt, bevor du eine weitere hinzufügst.
- Bedenke, dass Acrylfarben meist ein wenig dunkler auf der Leinwand antrocknen. Behalte dies im Hinterkopf, wenn du diese anmischst.
- **Wichtig:** Weiß deckt. Verwende also keine Farben mit einem Weißanteil, wenn du die Farben durch die Lasurtechnik mischen willst.

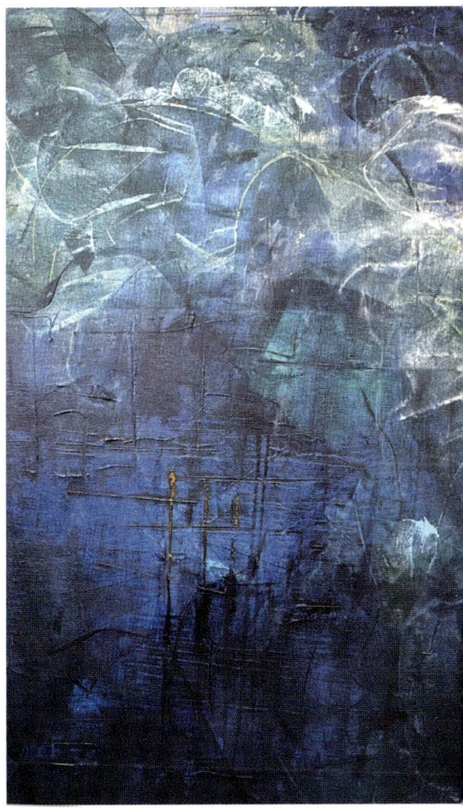

SCHWAMMTECHNIK

Wie der Name schon andeutet, wird bei dieser Technik ein Schwamm für das Kreieren von Mustern und spannenden Hintergründen genutzt. Am besten eignet sich ein Naturschwamm aus deinem lokalen Künstlerbedarf. Alternativ kannst du einen Badeschwamm verwenden oder aus einer Farbrolle kleine Stücke herausschneiden.

FARBE AUFTRAGEN

Gib ein wenig Acrylfarbe auf eine Palette oder einen Teller. Nun nimmst du deinen feuchten Schwamm und tunkst ihn in die Farbe. Du kannst dich hier farblich austoben. Wichtig ist allerdings, dass du den Schwamm nur leicht auf die Leinwand auftupfst, ansonsten würde das originelle Oberflächenmuster nicht mehr zu erkennen sein. Achte darauf, dass die Schichten gut getrocknet sind, solltest du mit mehreren Farben arbeiten wollen.

Petras Tipp

Du kannst bei der Impastotechnik auch in mehreren Schichten arbeiten. Achte dann darauf, die untere Schicht gut trocknen zu lassen, bevor du eine neue aufträgst.

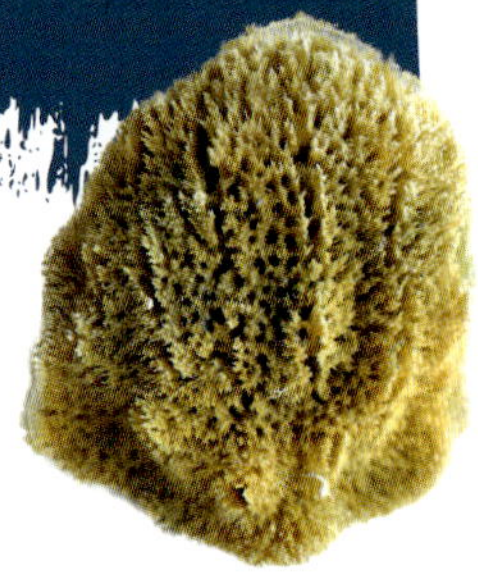

IMPASTOTECHNIK

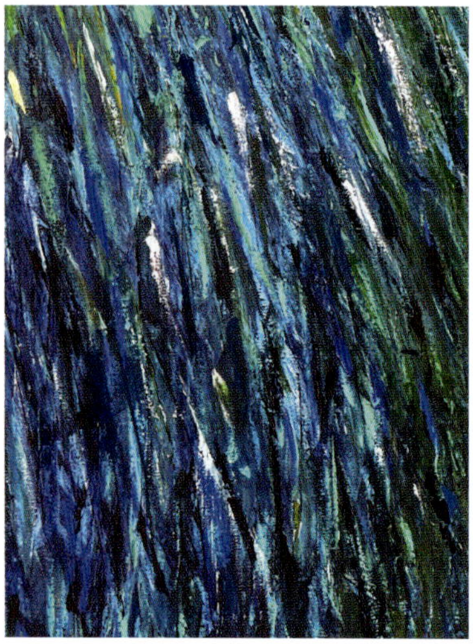

Hierbei wird die Farbe in dicken Schichten aufgetragen, sodass die Struktur des Farbauftrags noch eindeutig zu erkennen ist. Verwende dazu Acrylfarben, die eine pastose Konsistenz besitzen (siehe Seite 17). Mit dieser Technik kannst du ein originelles Lichtspiel kreieren, da das Licht aufgrund der ausgeprägten Oberflächenstruktur besonders reflektiert wird. Zusätzlich erhält dein Bild eine starke Ausdruckskraft und Dynamik.

FARBE AUFTRAGEN

Für den pastosen Farbauftrag eignet sich am besten ein Malmesser oder ein Borstenpinsel. Trage die Acrylfarbe direkt auf die Leinwand auf und bearbeite die Farbe mit deinen Werkzeugen anschließend so, dass die Pinselstriche oder die Abdrücke des Malmessers noch deutlich zu erkennen sind.

SGRAFFITOTECHNIK

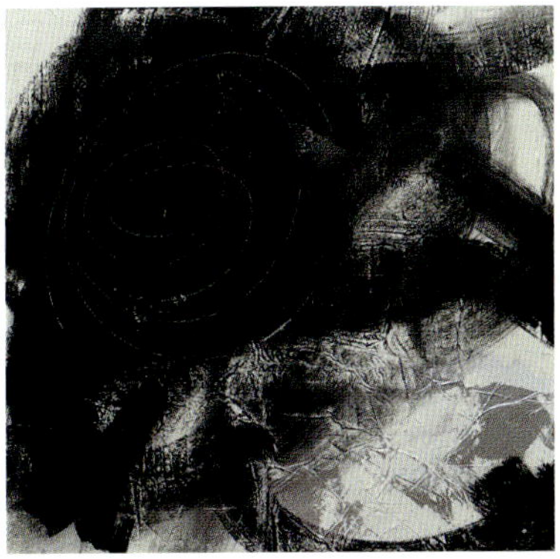

Mit der Sgraffitotechnik kannst du ganz besondere Effekte in deinen Kunstwerken kreieren. Das Wort „Sgraffito“ kommt vom dem italienischen Wort „sgraffiare“, das mit „kratzen“ übersetzt wird. Um Bildtiefe zu erreichen, kratzt du die oberste Schicht mit einem Werkzeug so gezielt ab, dass die untere Schicht wieder zum Vorschein kommt. Besonders gut sieht dieser Effekt aus, wenn der Hell-Dunkel-Kontrast beachtet wird. Trage dazu erst eine helle Farbschicht auf, lass diese trocknen und male danach eine dunklere Farbe darüber. Wichtig ist hierbei, dass du die letzte Schicht nicht trocknen lässt, sondern beispielsweise mit einem Kamm, einer Spachtel etc. schöne Muster in die noch feuchte Farbschicht hineinkratzt.

VERGOLDUNGSTECHNIK MIT SCHLAGMETALL

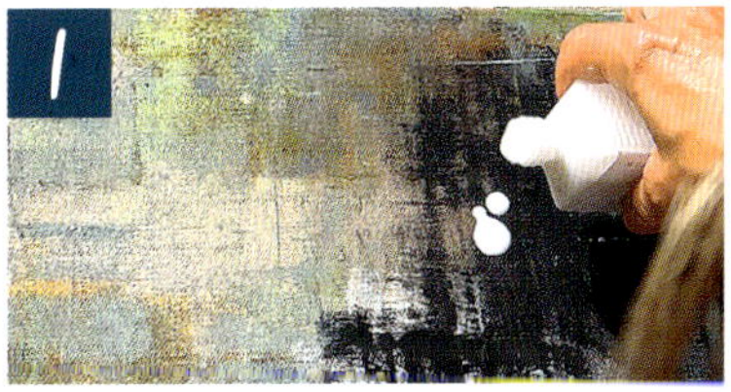

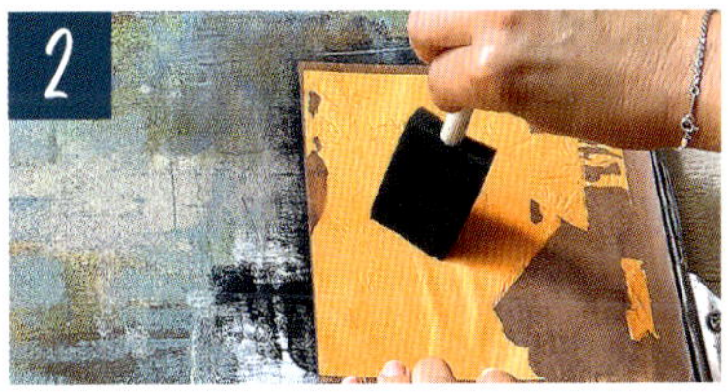

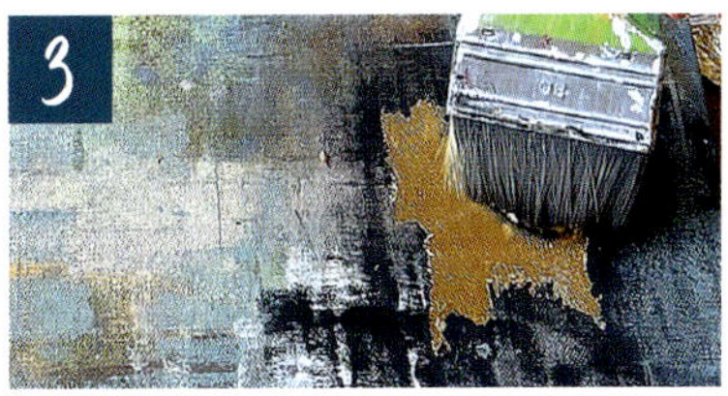

Goldenes Schlagmetall ist eine günstigere Alternative zu echtem Blattgold, und mit der Technik kann man seinen Gemälden einen besonderen Touch verleihen. Hierzu brauchst du die hauchdünnen Schlagmetallblättchen und eine Anlegemilch. Das Schlagmetall gibt es zudem in Silber und Kupfer.

SO GEHT'S:

1. Bestreiche deinen gewünschten Bereich zuallererst mit der Anlegemilch. Je nach Anleitung musst du diese nun trocknen lassen.
2. Anschließend legst du das Schlagmetall vorsichtig auf, drückst es fest und ziehst es vorsichtig ab. Die Anlegemilch dient hier gleichzeitig als Haftgrund und Fixierung.
3. Nun kannst du das überschüssige Schlagmetall vorsichtig mit einem weichen Pinsel entfernen.

MALEN FÜR DIE SEELE

Der Kreativitätsprozess läuft bei mir jedes Mal ein bisschen anders ab. Mal habe ich einen Gedankenblitz und versuche, diese Idee auf die Leinwand zu bringen, mal fange ich ein Bild an und lasse es peu à peu entstehen bzw. lasse mich von meiner Intuition leiten. Ich male aus dem Inneren heraus, denn meine Kunst spiegelt meine Gefühle wider. Meine Kreativität schöpft sich aus vielen verschiedenen Einflüssen, die ich dir in diesem Kapitel näher erläutern möchte. Zudem möchte ich dir Möglichkeiten zeigen, wie du deine Kreativität anregen kannst.

INSPIRATIONSQUELLEN

Jeder von uns schöpft Inspiration aus unterschiedlichen Quellen. Auch ich habe meine Favoriten, die meine kreative Seele berühren. Diese möchte ich hier nun mit dir teilen, damit auch du sie bei deinem nächsten „Kreativitätsloch“ für dein künstlerisches Schaffen nutzen kannst.

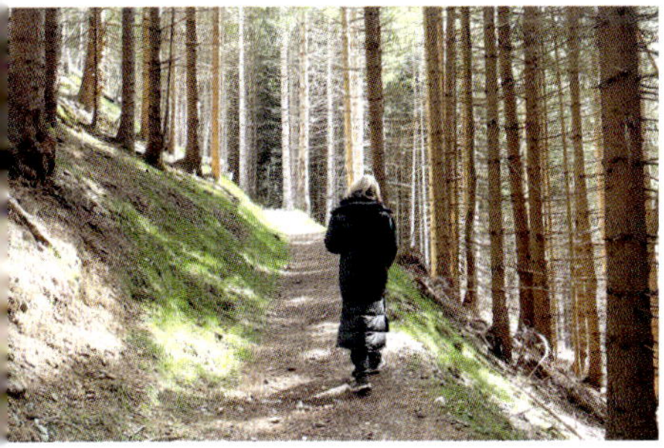

RAUS IN DIE NATUR

Inspiration finde ich meistens in der Natur. Insbesondere bei der Farbgestaltung und den Strukturen lasse ich Eindrücke aus meiner Umgebung einfließen. Wenn ich draußen spazieren gehe, komme ich zur Ruhe und fühle mich geerdet. Der Stress und die Sorgen des Alltags geraten in den Hintergrund. Ich kann dir also von Herzen raten, nach draußen zu gehen und dich inspirieren zu lassen.

THEMEN, DIE BEWEGEN

Es gibt so viele Themen, die mich bewegen – egal ob gesellschaftlich, politisch oder kulturell. Ich schaue mir gerne Dokumentationen an oder lese Artikel in der Zeitung. Auch hier findet man viel Inspiration. Mit deinen Bildern hast du die Möglichkeit, deine Gedanken und Gefühle bezüglich eines aktuellen Themas auf eine kreative Weise zu Papier zu bringen. Arbeite dazu mit der Wirkung der Farben, dem Verwenden von Schlagwörtern und/oder dem Aufkleben von Zeitungsausschnitten.

SOCIAL MEDIA, BÜCHER UND FILME

Ich halte bei Filmen oft nach Kunstwerken im Hintergrund Ausschau, schmökere in Bildbänden oder bewundere auf den sozialen Netzwerken die Werke von Künstler*innen auf der ganzen Welt (wichtig: du darfst die Werke anderer natürlich nicht einfach kopieren!). Über die sozialen Netzwerke kannst du dich auch über verschiedene Malstile informieren, schauen, was dir am besten gefällt, und deinen ganz eigenen Stil kreieren. Also halte die Augen offen und hole dir über verschiedene Medien deine Ideen.

Petras Tipp

Gib dir Zeit, herauszufinden, was dich inspiriert. Hör auf dein Inneres und sei achtsam. Geh in die Natur und beobachte die vielen Wunder. Nimm die Vielfalt der verschiedenen Formen, Farben und Strukturen wahr und fühle die Texturen. Wenn du mit offenen Augen und offenem Herzen durch die Welt gehst, findet dich die Inspiration von ganz allein.

EMOTIONEN VERARBEITEN

Manchmal sind Worte einfach nicht ausreichend, um das ganze Spektrum unserer Gefühle auszudrücken. Doch als Künstler*innen haben wir die Möglichkeit, unsere Emotionen über unsere Kunst zum Ausdruck zu bringen. Und das ist so befreiend, lass mich dir das weiter erläutern ...

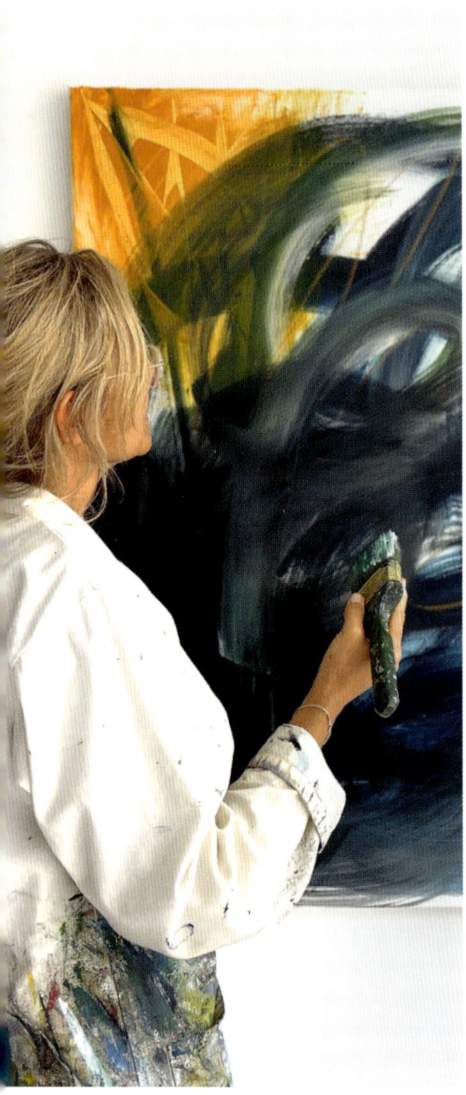

Schon als kleines Mädchen zeigte mir mein Großvater die Welt der Kunst. Durch ihn habe ich nicht nur den Spaß am Malen, sondern auch ein Gespür für Farben und Techniken entwickelt. Doch wie es leider oft ist, stand irgendwann der Alltag mit Beruf der Kunst im Weg.

Nach zwei schweren Schicksalsschlägen brauchte ich etwas, mit dem ich das Geschehene verarbeiten konnte. Daher fing ich wieder mit dem Malen an und konnte so endlich wieder durchatmen. Die abstrakte Kunst wurde für mich zu einer Form der Selbsttherapie, in der ich meinen Gedanken und Emotionen freien Lauf lassen kann. Ich habe gemerkt, wie wichtig es ist, seine Gefühle auf kreative Weise auszudrücken. Ich kann mir nun ein Leben ohne meine Kunst nicht mehr vorstellen.

Abstrakte Kunst ist auf den ersten Blick manchmal schwierig zu verstehen, und auf Social Media spalten sich die Kommentare in „Das ist keine Kunst“ und „Das ist Kunst“. Meine Intention ist es, mit meinen abstrakten Gemälden die Betrachter*innen emotional zu bewegen. Es geht hier um die Gefühle, nicht um die Vernunft. Es geht um das Innenleben und nicht um das gegenständliche Äußere. Ich entscheide mich bewusst, kein fotorealistisches Bild zu malen.

Die abstrakte Kunst lebt vom emotionalen Malen und kann einem helfen, seine Gefühle und Gedanken auf eine gestalterische Weise auszudrücken. Es gibt ja auch die Kunsttherapie, also ein kreatives, psychotherapeutisches Verfahren, bei dem Menschen lernen, sich zu selbst zu entdecken und sich mitzuteilen. Über negative Emotionen, wie z. B. Wut, Neid oder Trauer, spricht man nur noch selten und möchte oftmals nur schöne Gefühle öffentlich zeigen. Aber es gehören eben nicht nur positive, sondern auch negative Gefühle zu unserem Leben, und es ist wichtig, diese zu fühlen, zu akzeptieren und auszudrücken. Male und lasse dabei deinen Gefühlen freien Lauf.

WÜRFEL DEINE KREATIVITÄT

Kennst du dieses Gefühl, wenn du vor einer weißen Leinwand stehst und in dem Moment einfach nicht weiterweißt? Immer kreativ zu sein ist gar nicht so einfach. Diese Übung kann dir helfen, dich spielerisch zu einem neuen Gemälde zu inspirieren.

SO GEHT'S:

Würfel viermal hintereinander (für jede Zeile einmal) und verwende jeweils das, was unter deiner gewürfelten Zahl steht. Nun ist deine Kreativität gefragt! Wie kannst du deine zufällig ausgewählten Werkzeuge, Farben und Details am besten verwenden?

BEISPIEL:

Als erstes würfelst du eine Drei. Dies bedeutet, dass du mit dem Schlagmetall goldene, silberne oder kupferfarbene Details in dein Bild miteinarbeiten musst (siehe Seite 27). Als nächstes erhältst du eine Vier und somit die Spachtel als Hauptwerkzeug für dein neues Gemälde. Nun würfelst du ein drittes und viertes Mal und bekommst eine Fünf und eine Eins. Deine zwei dominierenden Farben in dem Bild sind also Rot und Orange. Und nun: Kreiere etwas mit diesen zufällig ausgewählten Attributen.

	⚀	⚁	⚂	⚃	⚄	⚅
DETAILS	Ölpastelle	Alufolie	Schlagmetall	Strukturpaste	Zeitungs-papier	Pastoser Farbauftrag
WERK-ZEUGE	Fenster-wischer	breiter Flach-pinsel	Schwamm	Spachtel	Malmesser	Glättkelle
FARBE I	Gelb	Grün	Schwarz	Weiß	Rot	Blau
FARBE II	Orange	Rosa	Beige	Green Grey	Braun	Grau

Zeig mir deine Bilder!

Ich würde mich sehr freuen, die Kunstwerke zu sehen, die du mit Hilfe dieses Würfelspiels anfertigst! Poste deine Bilder auf Instagram mit dem Hashtag #malenmitpetra und werde mit etwas Glück auf meinem Instagramkanal @petrawolfsheart gerepostet!

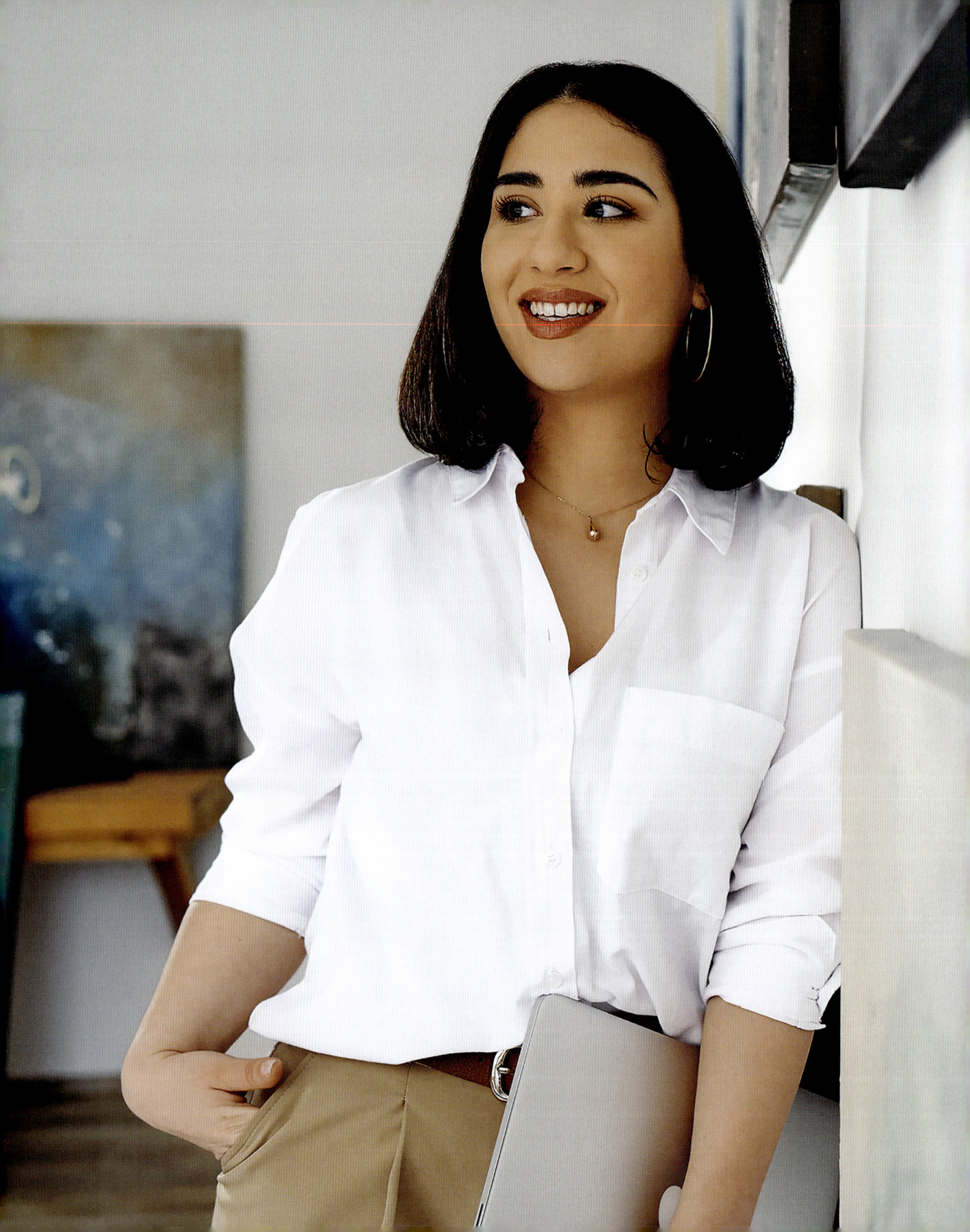

SOCIAL MEDIA
TIPPS UND TRICKS

EINFÜHRUNG SOCIAL MEDIA

Hey, it's me: Sophie – your personal social media #hypewoman. In diesem Kapitel möchte ich dir die wichtigsten Grundlagen für den Aufbau deiner Social-Media-Präsenz vermitteln und dir helfen, als Künstler*in online auf dich aufmerksam zu machen. Ich weiß, es kann ganz schön einschüchternd sein, sich und seine Kunst öffentlich zu zeigen. Ich hoffe, ich kann dir hier ein wenig die Angst nehmen, damit du schon bald mit deinem eigenen Kanal durchstarten kannst!

GRÜNDE FÜR SOCIAL MEDIA

Social Media sind heutzutage aus unserem Alltag nicht mehr wegzudenken, und die Anzahl der Nutzer*innen steigt weiterhin konstant. Im Januar 2023 nutzten 4,76 Milliarden Menschen Social Media weltweit (Statista, 2023). Insbesondere Künstler*innen können von diesen Nutzerzahlen profitieren und Social Media als kostenloses Tool zur Reichweitengenerierung verwenden.

WARUM SOLLTEST DU DEINE KUNST AUF SOCIAL MEDIA PRÄSENTIEREN?

- Social Media sind kostenlos, und du selbst hast die volle Kontrolle darüber, was du wie zeigen möchtest.
- Du kannst mit anderen Künstler*innen in den Austausch treten und mit potenziellen Käufer*innen direkt interagieren.
- Mit Social Media hast du die Chance auf eine Zusammenarbeit mit interessanten Unternehmen und kannst dir so auch mit Sponsoring ein passives Einkommen generieren.
- Stelle deine Werke auf einer digitalen Plattform aus, auf der sich bereits viele Kunstsammler*innen und Galerien befinden.

WELCHE PLATTFORMEN GIBT ES?

Es gibt verschiedene Social-Media-Plattformen, auf denen du dich und deine Kunst präsentieren kannst. Ich würde dir empfehlen, dass du dir anfangs überlegst, welche zwei bis drei Plattformen am besten zu dir und deinen Zielen passen. Drei meiner persönlichen Favoriten stelle ich dir im Folgenden vor.

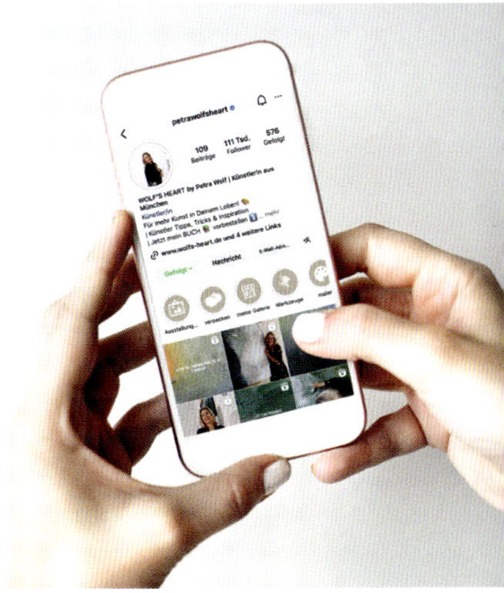

INSTAGRAM

Instagram dient als virtuelle Galerie und digitale Visitenkarte. Die Nutzer*innen können dich durch hochgeladene Fotos und Videos (Reels) als Künstler*in persönlich besser kennenlernen. Zudem hast du hier eine sehr gute Möglichkeit, mit Galerien, anderen Künstler*innen und Brands in den direkten Austausch zu treten.

Mit rund 1,04 Milliarden monatlich aktiven Nutzern im Jahr 2021 (Statista, 2023) ist die 2010 erschienene App eine beliebte Social-Media-Plattform zum Teilen von Fotos und Videos. Auf Instagram findet man vor allem 18- bis 34-jährige User (Statista, 2020).

Laut einer Studie gaben 87 Prozent der befragten Kunstkäufer*innen an, Instagram zu nutzen, um neue Künstler*innen zu finden (Statista, 2020). Deine Kunst auf Instagram zu vermarkten würde ich dir also auf jeden Fall empfehlen.

TIKTOK

Die chinesische Plattform TikTok zählt vor allem bei den Jüngeren zu einer der beliebtesten Social-Media-Plattformen. Das Netzwerk wirkt mit seinen drei- bis 60-sekündigen Kurzvideos frischer, jünger und spontaner als Instagram, das durch seine meist „perfekten Bilder" teilweise etwas steif wirken kann.

PINTEREST

Pinterest unterscheidet sich von den beiden oberen Social-Media-Plattformen, indem es eher als eine visuelle Suchmaschine fungiert. Hier liegt der Fokus auf sogenannten Pins, die als Inspirationsquelle dienen. Einer der interessantesten Aspekte dieser Plattform ist die Möglichkeit, einen hohen Traffic, also die Anzahl von Nutzern, die eine Website besuchen, auf deine Website oder deinen Shop zu erzeugen. Hier kannst du nämlich deinen hochgeladenen Bildern einen eigenen Link zuordnen und so direkt auf deine anderen Onlineseiten aufmerksam machen. Ich würde dir empfehlen, Pinterest nicht aus den Augen zu verlieren. Auch wenn diese Plattform auf den ersten Blick etwas komplexer erscheint, ist sie ein wertvolles Tool zur Reichweitengewinnung.

ES IST NOCH NICHT ZU SPÄT!

Es besteht der Glaube, dass der Markt viel zu übersättigt ist und es fast unmöglich sei, sich heutzutage noch eine große Reichweite aufzubauen. Meiner Meinung nach stimmt das aber so nicht. Social Media wachsen immer weiter, und es entstehen Tag für Tag neue Trends und neue Plattformen. Erst vor ein paar Jahren wurde TikTok auch in Deutschland richtig bekannt und gab somit Neueinsteiger*innen die Chance, bekannt zu werden.

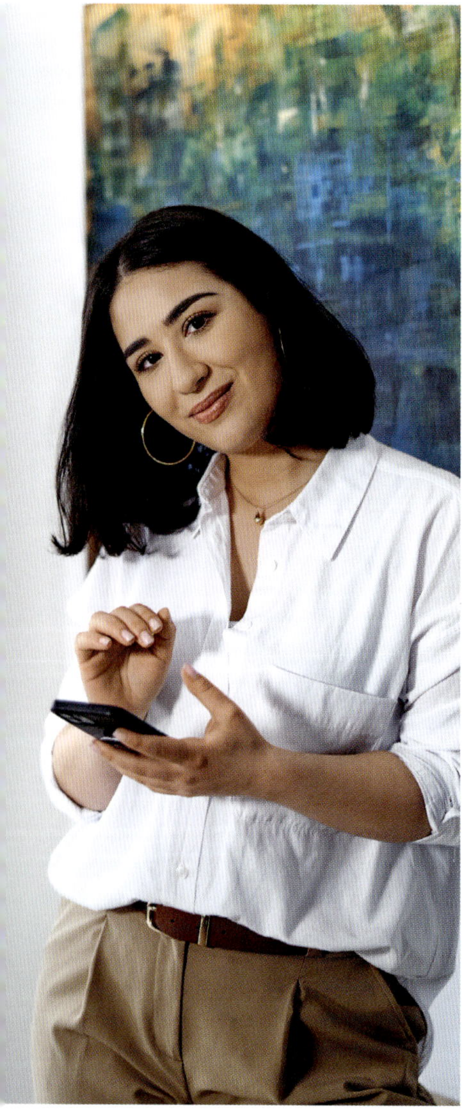

TRAU DICH!

Auch wenn du vielleicht denkst, es gibt schon hunderte Influencer oder Künstler*innen in diesem Bereich auf Social Media – dich und deine Kunst gibt es noch nicht! Du bist einzigartig. Lass dich auch bitte nicht davon abhalten, was andere Personen aus deinem Umfeld dazu sagen. Zieh dein Ding durch und leg einfach los.

KEIN DRUCK!

Sich auf Social Media zu präsentieren ist nicht für jede*n etwas. Fühle dich bitte nicht unter Druck gesetzt und denke nicht, dass du das alles machen MUSST. Content zu erstellen und sich mit der Community auszutauschen kann viel Spaß machen. Es gibt aber auch Schattenseiten. Blöde Kommentare oder „Hate" zu bekommen ist keine Seltenheit und kann frustrierend sein und an die Psyche gehen. Man kann aber lernen, damit umzugehen. Mach dich darüber schlau, wie du dich vor solchen Dingen schützen kannst und höre auf dein Bauchgefühl. Wenn es dir keinen Spaß mehr macht, dann höre auf. Aber lass dich nie von anderen beeinflussen!

BLEIB AM BALL!

Anzufangen ist nicht der schwierigste Teil, sondern das Dranbleiben. Du brauchst viel Geduld und Ausdauer, bis dein Kanal anläuft (wenn du natürlich nicht gerade Glück hast und mit deinem ersten Video viral gehst). Mit regelmäßigem Posten und immer wieder neuen Ideen und interessanten Inhalten kannst du es jedoch gut schaffen, dir in kurzer Zeit eine größere Reichweite aufzubauen.

GETTING STARTED

Du hast dich also dafür entschieden, dich und deine Kunst auf Social Media zu präsentieren. Wie toll! Aber wie fängst du nun an? In diesem Kapitel gebe ich dir Tipps für den Start und zeige dir, worauf du bei dem Erstellen eines Accounts achten solltest.

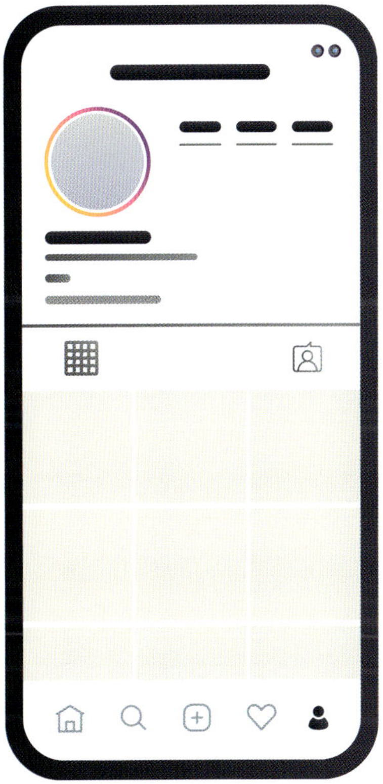

LEARNING BY DOING

Das Wichtigste ist, dass du einfach anfängst. Oft hat man Angst, das erste Bild oder Video zu posten, da es vielleicht noch nicht perfekt ist (was ist schon perfekt?!). Hier gilt der Spruch: „Learning by doing". Du wirst mit der Zeit merken, was am besten in deiner Nische funktioniert, und kannst deinen Content dementsprechend anpassen.

PRIVATER ODER BUSINESS ACCOUNT?

Wenn du einen neuen Kanal erstellst, kannst du dich meist zwischen einem privaten und einem Business bzw. Creator Account entscheiden. Beide sind kostenlos, jedoch unterscheidet sich der Business/Creator Account, oder auch Unternehmensaccount, durch einen erweiterten Funktionsumfang. Du erhältst Zugriff auf sogenannte „Insights", d. h. detaillierte Statistiken über deinen Kanal und deine geposteten Inhalte. Du kannst zusätzliche Informationen hinterlegen und ausgewählte Beiträge bewerben. Wähle also einen Business/Creator Account, wenn du nicht nur dich und deine Kunst zeigen möchtest, sondern auch gewerbliche Absichten verfolgst.

APROPOS GEWERBLICH ...

Wenn du deinen Account zu gewerblichen Zwecken nutzt, gibt es einige rechtliche Grundlagen, die du beachten solltest. Hierzu gehören u. a. das Urheberrecht und die Impressumspflicht (siehe u. a. das Telemediengesetz §5). Passe auch bei der Verwendung von Musik auf! Die Plattformen stellen oftmals eigene Musikbibliotheken zur Verfügung. Jede Plattform hat aber ihre eigenen Regeln, weshalb du dich im Vorfeld genau informieren solltest.

EINHEITLICHES DESIGN

Ein einheitliches und klares Design auf all deinen Profilen hilft dir, ein starkes Markenbild zu erzeugen. Achte also darauf, dir im Vorfeld Gedanken über die Farbpalette, Schriftarten, Logos etc. zu machen. Das wirkt professionell und seriös.

CONTENT ERSTELLEN

Während früher der Fokus auf dem Posten von Fotos lag, sind Videos über die letzten Jahre immer populärer geworden. Mit TikTok und Instagram Reels hast du die Möglichkeit, mit einem einzigen Video in kürzester Zeit eine Menge neuer Follower zu generieren. An dem Erstellen von qualitativ hochwertigen Videos kommt man heute für eine hohe Reichweitengenerierung also nicht vorbei.

Sophies Tipp

Das Wichtigste, was du im Hinterkopf behalten solltest, ist Mehrwert zu schaffen. Menschen wollen durch deine Videos etwas lernen, inspiriert oder unterhalten werden. Bedenke dies bei deiner Contentplanung.

10 VIDEOIDEEN FÜR DEINEN SOCIAL-MEDIA-AUFTRITT

1. Stelle dich und deinen Kanal vor und erzähle, wie du zu deiner Kunst gekommen bist.
2. Filme die Entstehung deiner Gemälde und poste die Videos im Schnelldurchlauf. (Extrapunkte gibt es, wenn du noch ein Voiceover hinzufügst.)
3. Analysiere deine Gemälde und erzähle mehr über deren Hintergründe, deine Gedanken und deine Arbeitsweise als Künstler*in.
4. Erkläre Techniken und gib anderen Künstler*innen Tipps.
5. Zeige, wie du deine Kunst verpackst und verschickst.
6. Informiere dich über Trends und probiere aktuelle Challenges aus.
7. Zeige deine künstlerische Entwicklung.
8. Erzähle, was dich inspiriert.
9. Zeige dein Atelier bzw. deinen Arbeitsplatz.
10. Stelle deine Lieblingstechniken oder -produkte vor.

Sophies Tipp

Frage auch deine Community, welchen Content sie am liebsten sehen möchten oder beantworte Zuschauerfragen in einem Live-Video.

BLEIB DU SELBST

Authentizität auf Social Media ist heutzutage von großer Relevanz. Selbst die Plattform Instagram, die bisher als heile und perfekte Blase galt, ändert sich zunehmend. Heutzutage möchte man sich mit den Menschen online identifizieren, Situationen nachempfinden und Nähe aufbauen. Sei also du selbst und strebe nicht zu sehr nach Perfektion.

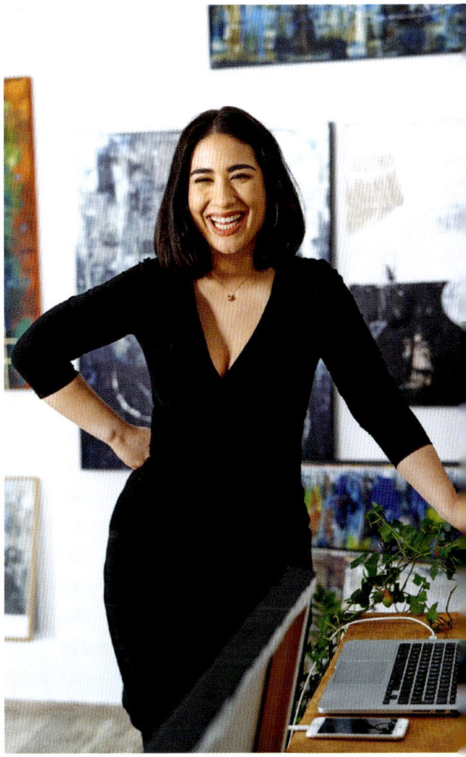

ALGORITHMUS

Social-Media-Algorithmen analysieren das Benutzerverhalten und priorisieren Inhalte, von denen sie glauben, dass Nutzer*innen sie sehen möchten und sich lange mit diesen beschäftigen werden. Algorithmen entscheiden also darüber, welche Inhalte in welcher Reihenfolge welchem*r Nutzer*in angezeigt werden. Um zu erreichen, dass deine Videos möglichst vielen Nutzer*innen angezeigt werden, ist es wichtig, dass du dich mit dem Algorithmus der jeweiligen Plattform genauer auseinandersetzt. Da die Plattformbetreiber dieses Schema jedoch immer wieder ändern, um Spam oder Bots (eine Software, die bestimmte Aktionen wie z. B. liken, kommentieren oder folgen automatisch ausführen kann) herauszufiltern, gibt es kein Erfolgsrezept zum Knacken des Algorithmus. Informiere dich immer wieder über neue Updates und probiere anhand dessen neue Strategien aus.

HASHTAGS

Hashtags (eine Kombination aus Buchstaben, Zahlen und/oder Emojis, denen das Symbol # vorangestellt ist) können deine Reichweite erhöhen, deinen Content auf den Plattformen kategorisieren und auffindbar machen.

Auf Instagram ist es derzeit möglich, bis zu 30 Hashtags unter einem Post zu verwenden. Doch nur weil man so viele verwenden darf, heißt das nicht, dass man es auch sollte. Ich würde dir empfehlen, mehrere Posts mit einer unterschiedlichen Anzahl an Hashtags zu posten und danach auszuwerten, welche und wie viele bei deinem Account am besten funktionieren. Versuche einen gesunden Mix an allgemeinen Hashtags, zu denen schon viele Beiträge gepostet wurden, wie z. B. #kunst, und Nischen-Hashtags, wie z. B. #abstraktekunst, zu verwenden. Schaue auch mal bei anderen Künstler*innen, welche Hashtagstrategien bei ihnen funktionieren.

Sophies Tipp

Achte darauf, dass du auch in den Stories Werbekooperationen oder gesponserte Produkte als Werbung sichtbar kennzeichnen musst.

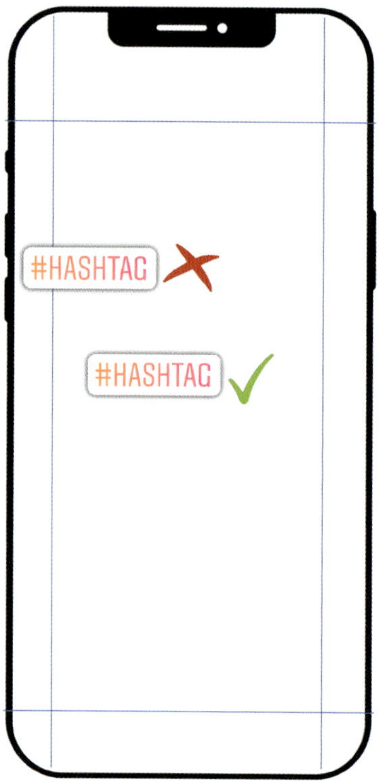

Bleibe beim Anbringen der Sticker innerhalb der Hilfslinien. Die Hilfslinien erscheinen automatisch, wenn du den Sticker langsam Richtung Rand ziehst.

INSTAGRAM STORIES

Auf Instagram kannst du, neben Fotos und Videos, auch Stories hochladen. Diese sind nur 24 Stunden sichtbar, außer du speicherst diese als „Highlight" in deinem Profil ab. Stories eignen sich perfekt dazu, deine Follower in deinem Alltag mitzunehmen. Zeige deiner Community, was sich alles hinter den Kulissen abspielt, interagiere mit ihnen durch Umfragen oder verlinke deine Produkte. Während deine regulären Beiträge auf Instagram gut geplant sein sollten, kannst du bei den Stories spontaner agieren. Allerdings gibt es auch hier ein paar Dinge, auf die du achten solltest.

- Füge Untertitel hinzu. Dadurch verbesserst du die Interaktion und erhöhst die Abspielzeit. Auch schwerhörige oder gehörlose Menschen können so deinen Content besser konsumieren.

- Füge verschiedene Sticker hinzu. Einige können dir dabei helfen, eine höhere Reichweite zu generieren. Hierzu gehören beispielsweise der Standort- oder Hashtagsticker, bei denen deine Story auch im öffentlichen Feed des gewählten Hashtags oder der Location angezeigt wird. Achte aber bitte auf deine Sicherheit und überlege gut, ob du deinen genauen Standort, an dem du dich gerade befindest, öffentlich teilst. Besser wäre es, diese Stories zu speichern und erst im Nachhinein zu veröffentlichen.

- Überlege, wie viel Content du außerhalb deiner Nische posten möchtest. Ich würde dir eine 70/30-Regel empfehlen: 70 Prozent postest du über deine Kunst und alles, was zu diesem Thema dazugehört. 30 Prozent kannst du für private Einblicke und authentische Stories verwenden.

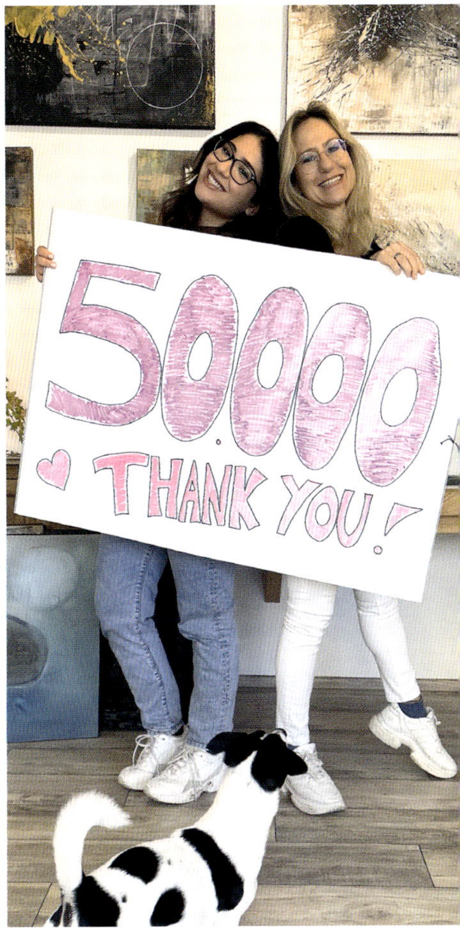

FOLLOWER UM JEDEN PREIS?

Aller Anfang ist schwer, und der Druck, möglichst schnell viele Follower zu bekommen, kann oftmals sehr hoch sein. Es ist frustrierend, wenn man sich viel Mühe für ein Video gibt und es nur wenige Aufrufe, Likes oder Kommentare bekommt. Uns ging es am Anfang nicht anders. Heutzutage ist es sehr einfach, sich über das Internet Follower, Likes oder Kommentare zu kaufen. Für wenig Geld bekommt man Tausende von Follower – und das innerhalb kürzester Zeit. Die Verlockung ist groß, doch es bringt dir nichts und kann dir und deinem Kanal, auf lange Sicht betrachtet, schaden. Zudem verstößt diese Handlung gegen die AGBs sämtlicher Social-Media-Plattformen und ist somit illegal.

Außerdem sind viele Follower nicht der Schlüssel zum Erfolg. Wenn du Millionen von Followern hast, aber keine echte Verbindung zu ihnen, bringt dir eine hohe Zahl im Endeffekt gar nichts. Viel wichtiger sind die sogenannte Engagement Rate, also die Interaktionsrate deiner Community, und das Vertrauen deiner Follower in dich und deine Kunst.

Neben dem einfachen Kauf gibt es noch viele andere, eher fragwürdige Methoden, um schnell neue Follower zu bekommen. Vielleicht hast du schon mal von sogenannten Follower Trains oder Loops gehört. Meist bekommst du eine Privatnachricht, in der du hierzu eingeladen wirst. Die Idee hinter diesem Event ist es, viele Follower innerhalb eines begrenzten Zeitraums zu bekommen, indem sich die Teilnehmer*innen alle gegenseitig folgen. Auch hiervon würde ich dir abraten. Der Instagram-Algorithmus merkt, wenn du an solchen Aktivitäten teilnimmst, und viele von denen, die dir gefolgt sind, werden dir schnell wieder entfolgen.

SOCIAL MEDIA ESSENTIALS

Für den richtigen Social-Media-Auftritt braucht es auch das richtige Equipment. Bereits mit einem kleinen Budget kannst du tolle Videos drehen und professionellen Content für deinen Kanal produzieren.

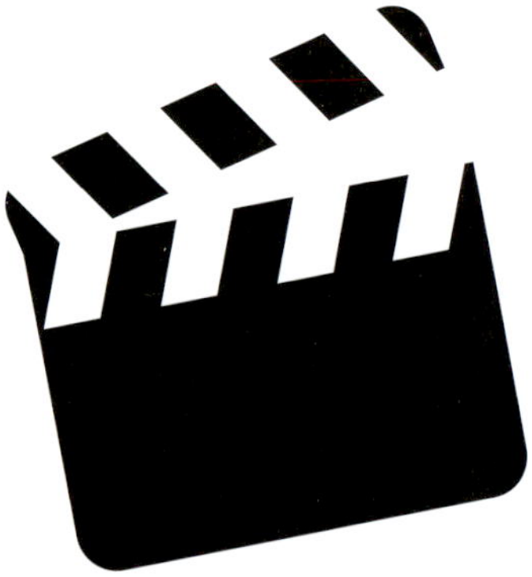

VIDEOS DREHEN

Am besten drehst du deine Videos mit deinem Smartphone. Neuere Modelle haben bereits eine so gute Kamera, dass du qualitativ hochwertige Videos filmen kannst. In den meisten Einstellungen kannst du zwischen HD und 4K auswählen. Probiere am besten einige Einstellungen aus und schaue, was dir am besten gefällt. Achte aber auf eine gute Qualität und eine ruhige Kameraführung. Hier kann dir ein Tripod oder ein Stativ helfen. Für die richtige Beleuchtung empfehle ich dir ein Ringlicht. Dieses gibt es meistens sogar in Kombination mit einem Stativ zu kaufen.

VIDEOS UND FOTOS BEARBEITEN

Wenn du deine Videos gedreht und deine Bilder geschossen hast, musst du diese nun noch bearbeiten. Ich verwende hierfür auch meistens mein Smartphone. Du kannst die Videos entweder in der Social-Media-App direkt oder in einer externen App schneiden und bearbeiten. Die kostenlose App „Capcut" beispielsweise beinhaltet viele nützliche Funktionen und ist sehr einfach zu bedienen. Solltest du nicht genau wissen, wie du die Videos am besten schneidest, findest du auf YouTube viele hilfreiche Anleitungs-Videos.

Wir alle wissen, dass die meisten Fotos auf Social Media bearbeitet sind und mit Filtern „aufgehübscht" werden. Versuche, dir aber dennoch treu zu bleiben, und achte auf ein klassisches Videodesign. Das gilt auch für Effekte oder zu laute Musik im Hintergrund. Weniger ist manchmal mehr, denn zu viele Ablenkungen werden leicht als störend empfunden.

Sophies Tipp

Mit einer geeigneten Cloud-Lösung kannst du dem Problem entgegenwirken, dass der Speicher deines Smartphones durch die großen Videos schnell voll ist.

SOCIAL MEDIA CHECKLIST

TÄGLICH

- Videoideen sammeln
- Beiträge/Videos posten (mind. drei- bis viermal in der Woche, für schnelleres Wachstum jeden bzw. jeden zweiten Tag)
- 30 Minuten vor dem Posten auf der jeweiligen Plattform aktiv sein (Kommentare beantworten, auf Stories reagieren etc.)
- Kommentare beantworten
- mind. drei Stories posten (morgens, mittags, abends)
- mit der Community agieren

WÖCHENTLICH

- Insights analysieren
- Trendrecherche
- Content planen und evtl. schon Videos vorproduzieren

MONATLICH

- Strategieüberprüfung
- Überprüfung der Ziele und evtl. neue Ziele festlegen

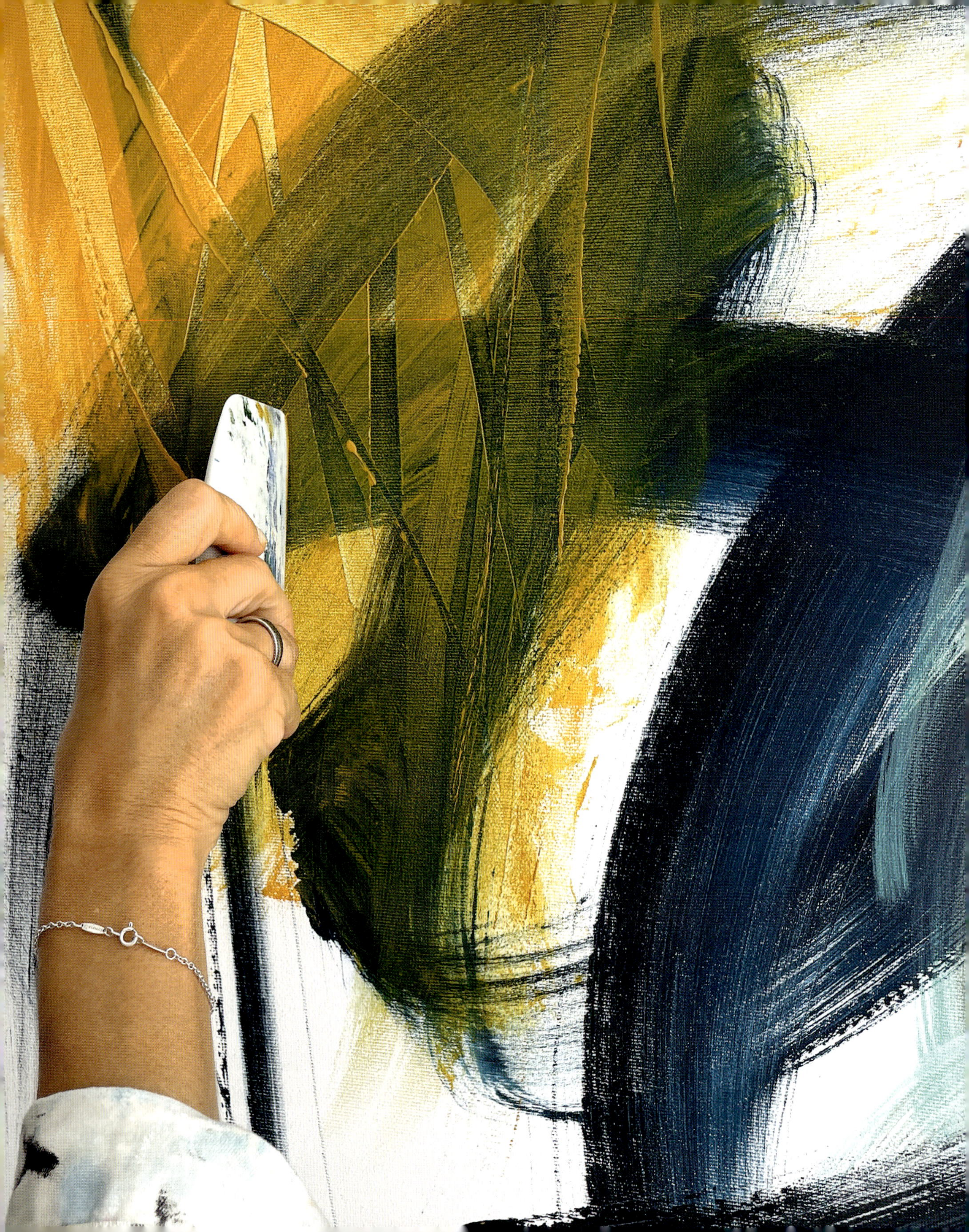

MOTIVE
STEP BY STEP

BLUE SKIES

Diese einzigartige Wolkenformation malte ich frei auf meine Art und Weise. Mein Werk spiegelt meine Emotionen von Freiheit und grenzenloser Weite, Bewegung und Tiefe wieder.

Meinen anfänglichen Plan, realistische Wolken und das Meer darzustellen, habe ich während der Anfertigung des Bildes verworfen. Das Bild fühlte sich für mich nicht richtig an. Also habe ich das Gemälde kurzerhand übermalt. Ich kann dir nur empfehlen, das auch zu machen, wenn du mit deinem Bild nicht „warm“ wirst.

DAS BRAUCHST DU

WERKZEUGE:	breiter Borstenpinsel, Silikonspachtel, Sprühflasche mit Wasser, Tuch
ÖLPASTELLE:	Goldocker, Schwarz, Weiß, Hellblau
ACRYLFARBEN:	Türkis, Goldocker, Hellblau, Van-Dyck-Braun, Grau, Raw Umber, Gold, Dunkelgrau und Zinkweiß
LEINWAND:	80 x 100 cm
WEITERE MATERIALIEN:	recycelte Alufolie, goldenes Schlagmetall und Anlegemilch, Luftpolsterfolie

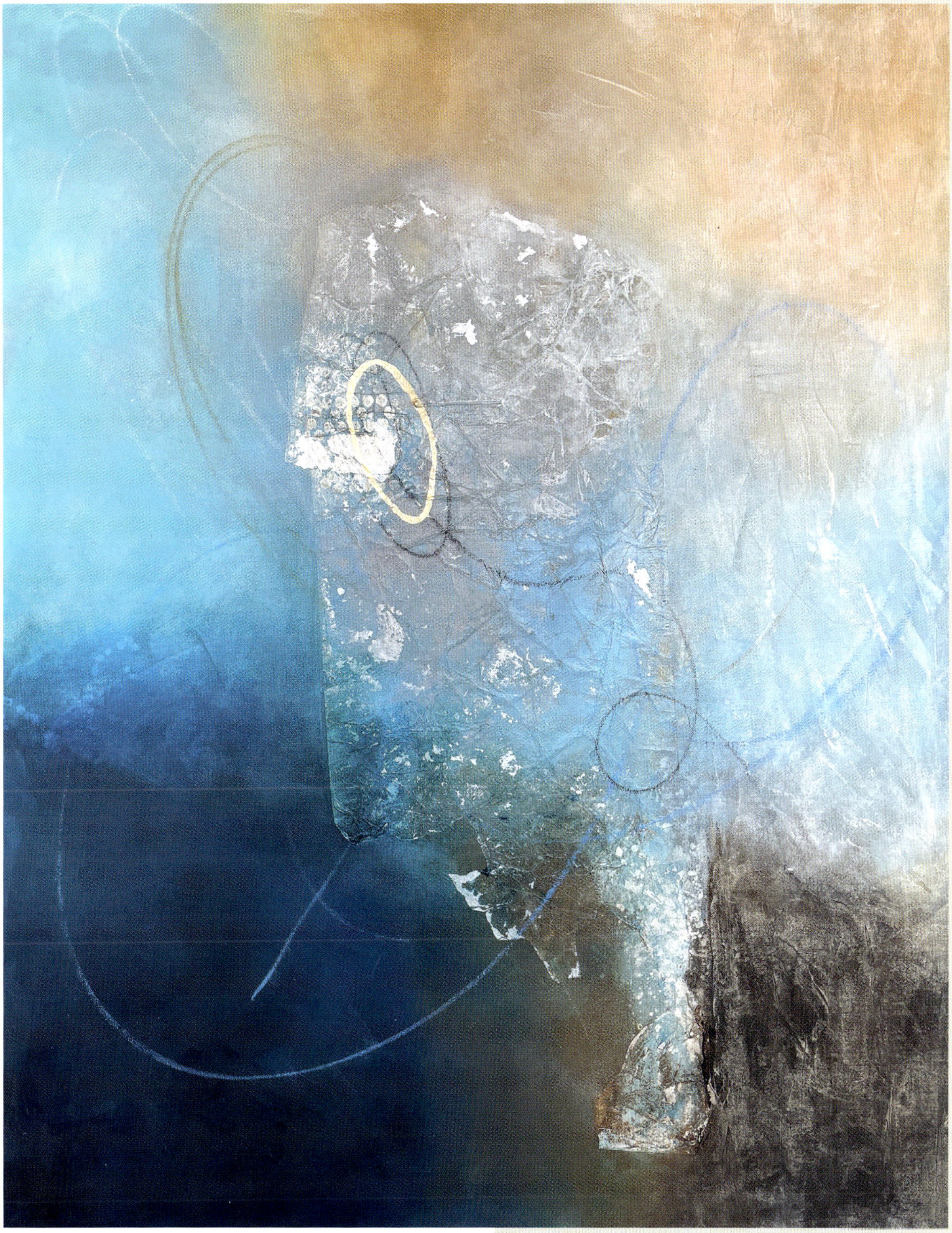

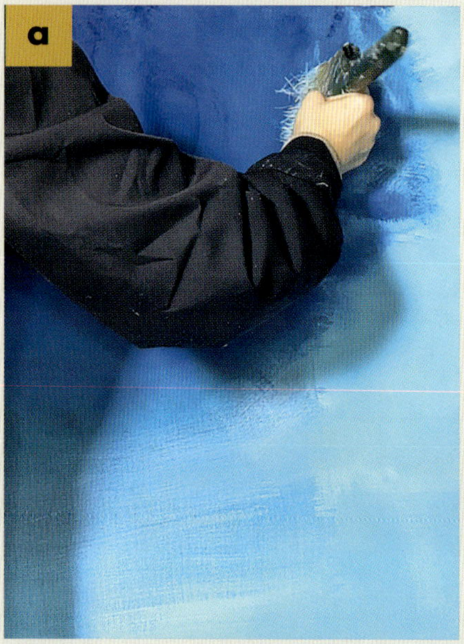

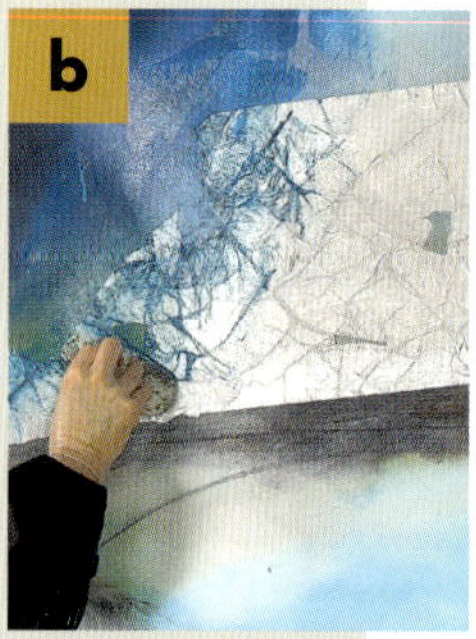

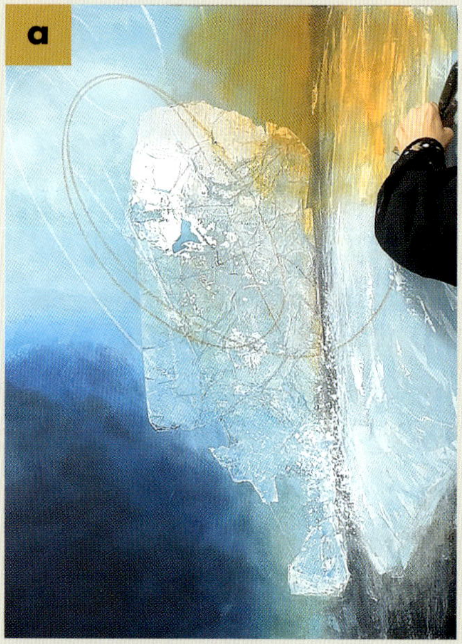

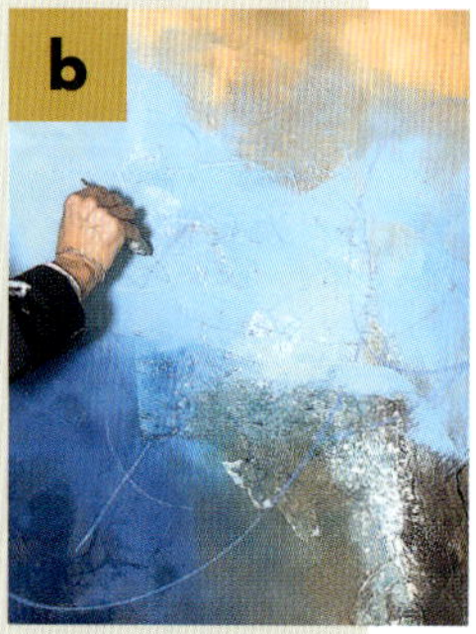

LOS GEHT'S!

1a Male mit dem Borstenpinsel in kurzen streichenden Bewegungen mit Hellblau über deine Leinwand. Dann nimm Dunkelblau dazu und mische die Farben mit kreisenden Pinselbewegungen, sodass ein Himmel entsteht.

1b Lege auf die nasse Acrylfarbe nun Alufolie und arbeite diese in dein Kunstwerk mit ein. Streiche sie mit der Silikonspachtel glatt. Es darf sich keine Luft mehr unter der Folie befinden. Die Alufolie bemalst du genauso wie die Leinwand in Hellblau. Lass dein Bild trocknen. Nun verwende ein dunkleres Blau in einer Ecke und verstreiche es auch teilweise über das trockene Hellblau und die Alufolie.

2a Lass die Farben trocknen. Trage Goldocker gestisch in die obere rechte Ecke mit dem trockenen Pinsel auf. Mit einer Ölpastellkreide in einer Farbe deiner Wahl malst du Schwünge, die Freiheit, Luft und Weite symbolisieren.

Besprühe die Leinwand in der unteren rechten Ecke mit Wasser und verstreiche Van-Dyck-Braun und Raw Umber mit der Silikonspachtel möglichst transparent. Auf das Van-Dyck-Braun gibst du einen Hauch Goldocker.

2b Nimm die Silikonspachtel zur Hand. Verstreiche Hellblau auf Teilen der (mit Wasser besprühten) Alufolie. Lass dein Bild trocknen. Besprühe dann das Goldocker und Teile des Himmels mit Wasser und verziehe darauf transparentes Weiß gestisch. Nach der Trocknung verstreiche auf der Alufolie das Grau. Nimm auch mal Farbe und Wasser mit einem Tuch ab. So entstehen sehr schöne Effekte.

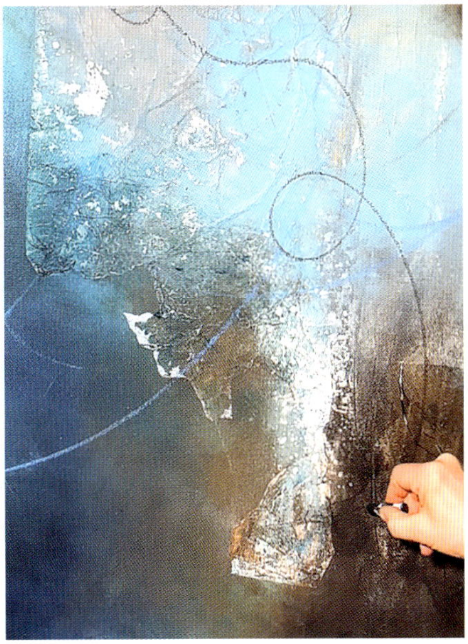

3

3 Versuche deine Emotionen, wenn du an einen Himmel mit Wolken denkst, auf die Leinwand zu projizieren. Gib immer wieder eine Schicht Farbe, möglichst transparent, auf die Bildfläche, z. B. auf das bereits getrocknete Hellblau ein noch helleres Blau. Wenn dir ein Bereich des Gemäldes gut gefällt, kümmere dich um den nächsten.

Nimm erneut eine Ölpastellfarbe und male schöne Schwünge. Stell dir dabei die Luft und ihre Bewegung vor. Die Linien der Ölpastelle werden durch die vielen Farbaufträge teilweise leicht abgedeckt oder verschwinden auch ganz. Dadurch kreierst du Tiefe.

Lass die Leinwand immer wieder abtrocknen. Achte auf weiche Farbübergänge. Verwende dafür einen trockenen Pinsel mit wenig Farbe oder die Silikonspachtel mit ganz viel Wasser. Hier braucht man ein wenig Übung.

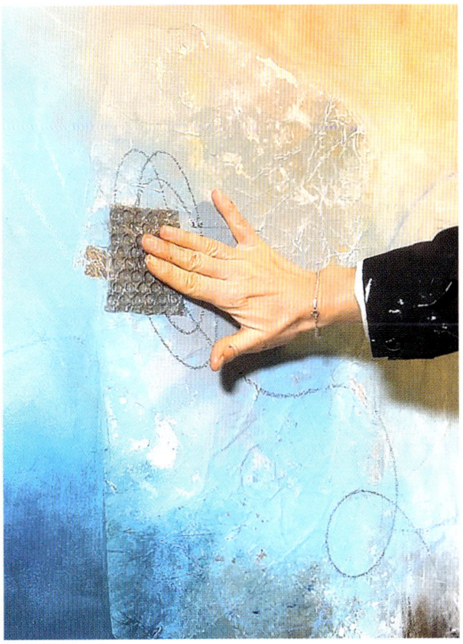

4

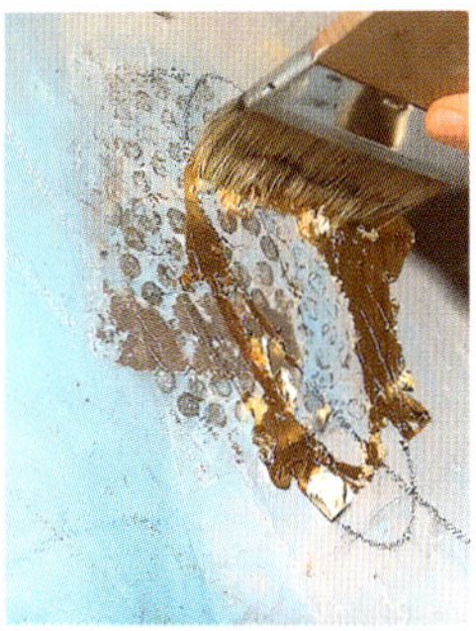

4 Kreiere nun noch in Höhe des Harmoniepunktes ein paar besondere Details. Nimm dazu ein Stück Luftpolsterfolie, bestreiche es mit dunkelgrauer Acrylfarbe und drücke es auf dein Gemälde. Vergolde zum Schluss einen kleineren Schwung, den du vorher mit einer Ölpastelle gezogen hast, mit Schlagmetall. Dieser Schwung, sprich der ovale Kreis, steht für mich für die Unendlichkeit.

Petras Tipp

Schichten sind wichtig, um das Bild optisch dreidimensional wirken zu lassen.

SCHOOL OF FISH

Bei diesem Gemälde hatte ich ursprünglich die Absicht, ein abstraktes Meerbild zu malen. Doch während ich das Bild anfertigte, sprang der Funke nicht auf mich über. Ich nahm noch ein paar Veränderungen an dem Gemälde vor, aber die ablehnende innere Stimme verschwand nicht. Schließlich gab ich meiner Eingebung, einen plastischen Fischschwarm mit schönen Lichteffekten zu kreieren, nach. Voller Enthusiasmus machte ich mich wieder an mein Kunstwerk, und dieses Mal hatte ich das richtige Gefühl dabei. Durch die angewendete Impastotechnik können Betrachtende die Kraft und die Energie des Fischschwarms förmlich spüren.

DAS BRAUCHST DU

WERKZEUGE:	Wassersprühflasche mit Wasser, Baumwolltuch oder Küchenrolle, Rundpinsel (Größe 10), Fensterwischer, Silikonspachtel
ACRYLFARBEN:	Cyan, Coelinblau, Preußischblau, Paynesgrau, Bright Aqua Green, Olivgrün, Weiß, Van-Dyck-Braun, Ocker (Heavy Body – die Farben sollen eine teigartige Konsistenz aufweisen)
LEINWAND:	100 x 80 cm
WEITERE MATERIALIEN:	goldenes Schlagmetall und Anlegemilch

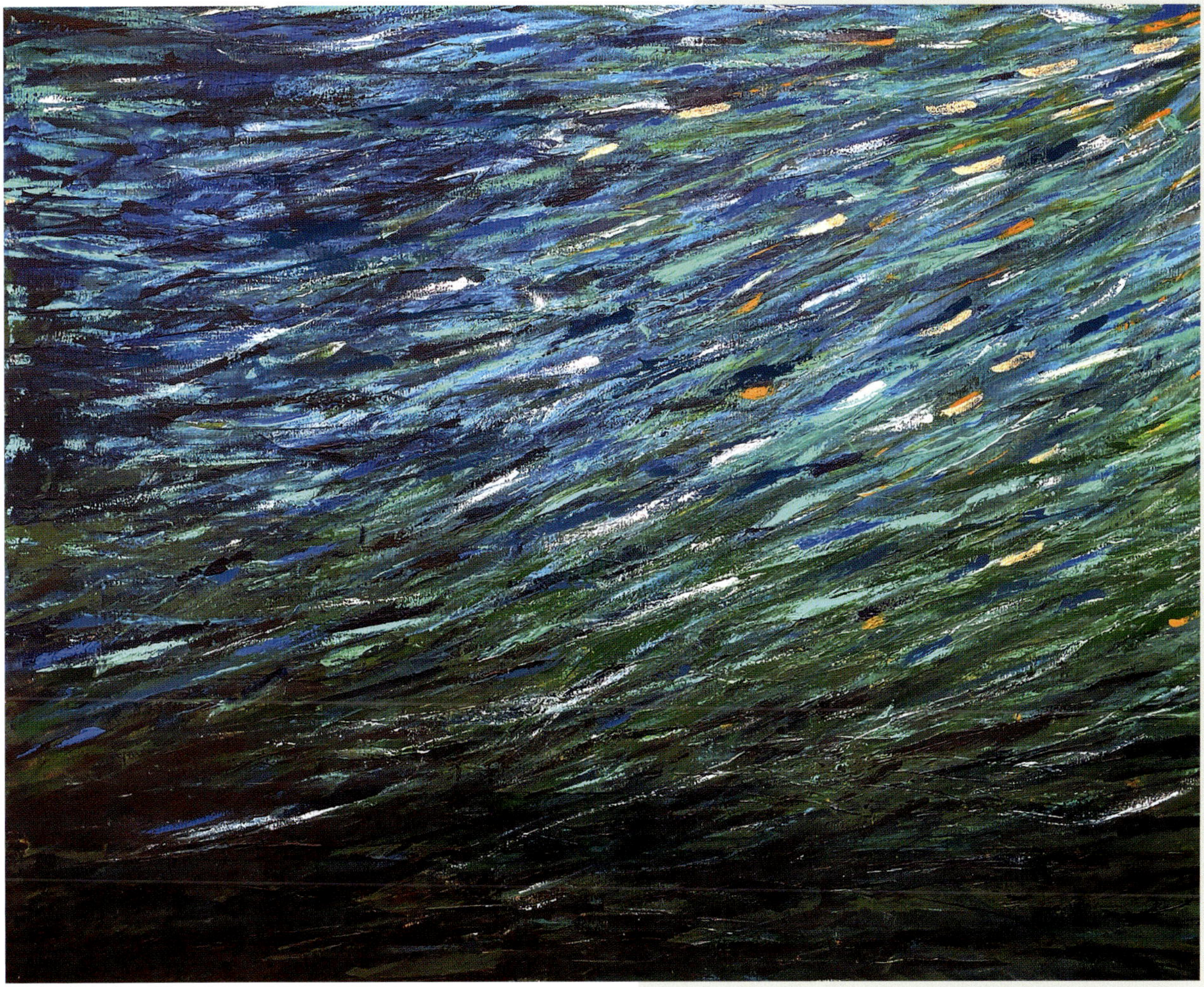

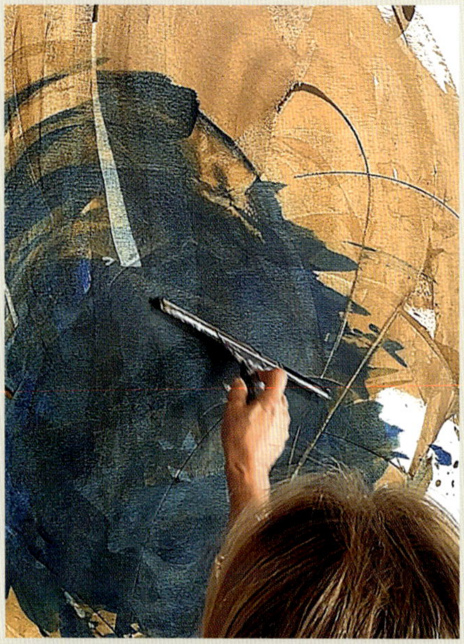

1

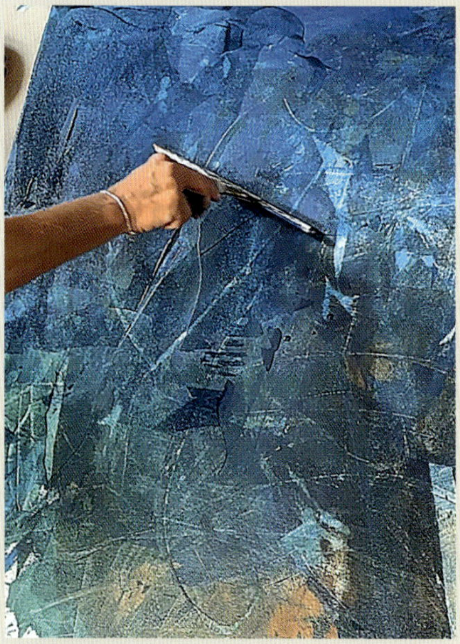

2

LOS GEHT´S!

1 Wie bereits beschrieben, hatte ich ursprünglich den Plan, ein abstraktes Meerbild zu malen. Sieh die folgenden Schritte als Übung, bevor im dritten Schritt die Wendung kommt. Das Gemälde würde sicherlich ohne die ersten Schritte nicht so werden, wie es geworden ist.

Befeuchte zunächst den Malgrund mit reichlich Wasser aus dem Zerstäuber. Dann gib auf den unteren Teil der Leinwand dunklen Ocker für den Sandstrand und verteile die Farbe mit dem Fensterwischer in großen und schwungvollen Zügen. Gib rechts unten auf den Ocker einen Klecks Coelinblau. Verteile die Farbe wieder dynamisch. Denke dabei an stürmische Wellen, die am Strand brechen.

2 Lass deine Leinwand trocknen und besprühe dein Bild dann wieder mit Wasser. Jetzt widmest du dich den oberen zwei Dritteln der Leinwand. Lege die Leinwand am besten auf den Boden und wirf die Farben Coelinblau, Preußischblau und Olivgrün, die du vorher mit Wasser verdünnt hast, auf dein Bild. Verteile sie mit viel Schwung und teilweise mit stärkerem Druck, sodass sie sich nass in nass mischen. Wenn du den Fensterwischer fester aufdrückst, kratzt du die Farbe auch immer wieder ab, so entstehen tolle Effekte.

Wenn die Farben noch feucht sind, kannst du mit einem dickeren Rundpinsel Wasser darauf spritzen. Warte kurz und lege dann ein Baumwolltuch darauf, bis der Stoff das Wasser und die Farbe aufgenommen hat. So bilden sich interessante Muster.

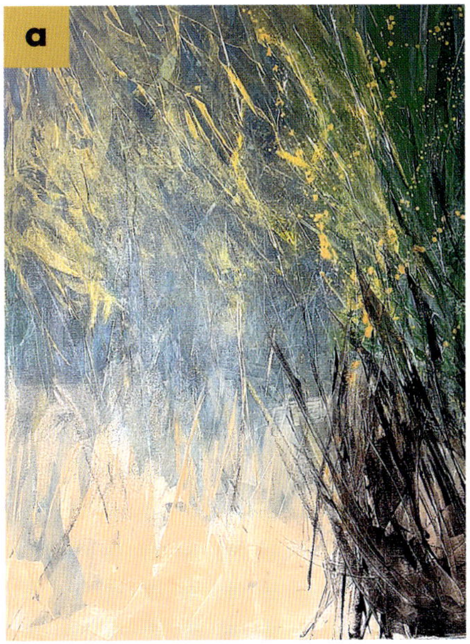

a

3

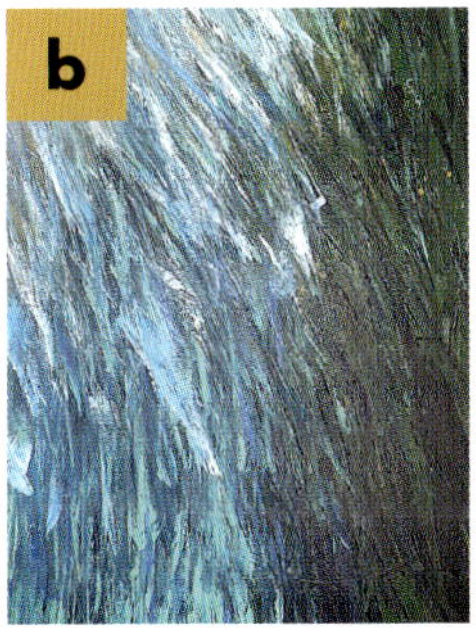

b

3a Ab jetzt mischst du die Farben nicht mehr mit Wasser. Stelle dein Bild senkrecht, besprühe es mit Wasser und gib reichlich Van-Dyck-Braun und Olivgrün auf die rechte Seite der Leinwand. Verziehe die Farben in kräftigen Linien, indem du mit deiner Silikonspachtel temperamentvoll und mit Druck das Braun und danach das Olivgrün nach links oben ziehst.

3b Nun beginnt langsam der neue künstlerische Prozess. Gestalte die linke Seite der Leinwand mit den Farben Coelinblau, Cyan und Bright Aqua Green, die du in Klecksen aufträgst, nachdem du die Leinwand wieder angefeuchtet hast. Ziehe sie dann mit schwungvollen Bögen mit der Silikonspachtel über die linke Seite der Leinwand. Wiederhole den Vorgang, bis du ein interessantes Relief erhältst. Auf den helleren Bereich gibst du nun noch Paynesgrau und Weiß und verziehst die Farben in die bereits aufgetragenen Farben.

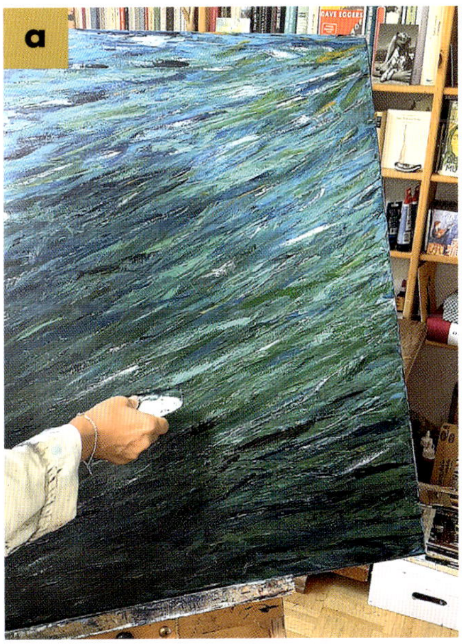

a

4

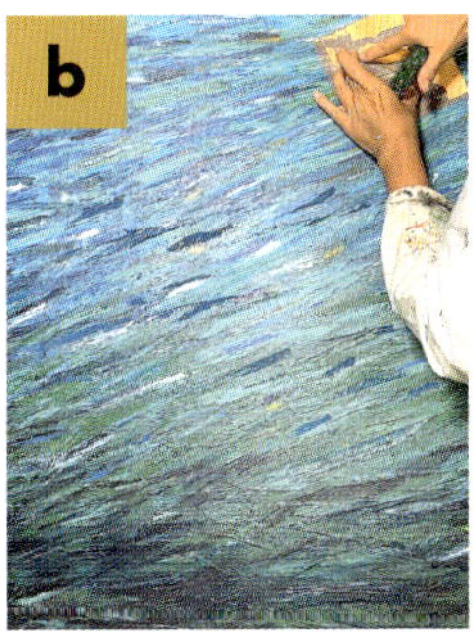

b

4a Jetzt gehst du in den unteren dunkleren Bereich und verziehst mit der Silikonspachtel Preußischblau und etwas weniger Olivgrün. Bei Bedarf besprühe den Malgrund mit etwas Wasser, damit sich die Farben besser zu Linien modellieren lassen. Es entstehen reliefartige Strukturen.

4b Im unteren Drittel ist der Fischschwarm dunkel. Zur Bildmitte wird es heller und grüner. Baue im oberen Bereich noch ein paar Lichtreflexionen mit Goldocker ein. Achte darauf, dass du zur Lichtquelle rechts oben immer heller wirst und dass der einzelne abstrakte Fisch am Bauch etwas heller ist als am Rücken. Vergolde, als Clou zum Schluss, ein paar Lichtreflexionen in der Nähe der „Wasseroberfläche“.

LA FORÊT

Als ich dieses Bild angefertigt habe, dachte ich an einen erholsamen Waldspaziergang. Das Einatmen der frischen Luft sowie das beruhigende Grün des Waldes. Und gleichzeitig das Mystische, Geheimnisvolle und Unheimliche, das der Wald an sich hat. Diese ambivalenten Eindrücke wollte ich auf meine Leinwand bringen. Dieses Kunstwerk zeichnet sich insbesondere durch die harmonische Farbkomposition und die weichen Farbverläufe aus. Die unterschiedlichen Schichten verleihen dem Bild Tiefe. Verschiedene schöne Strukturen habe ich durch den Auftrag von viel Farbe erhalten.

DAS BRAUCHST DU

WERKZEUGE:	zwei flache und breite Borstenpinsel, Wassersprühflasche mit Wasser, Baumwolltuch, Fensterwischer, Zahnspachtel aus Kunststoff
ÖLPASTELLE:	Weiß, Schwarz
ACRYLFARBEN:	Preußischblau, Cyan, Saftgrün, Green Grey, Goldocker, Schwarz, Weiß, Hellblau
LEINWAND:	80 x 100 cm

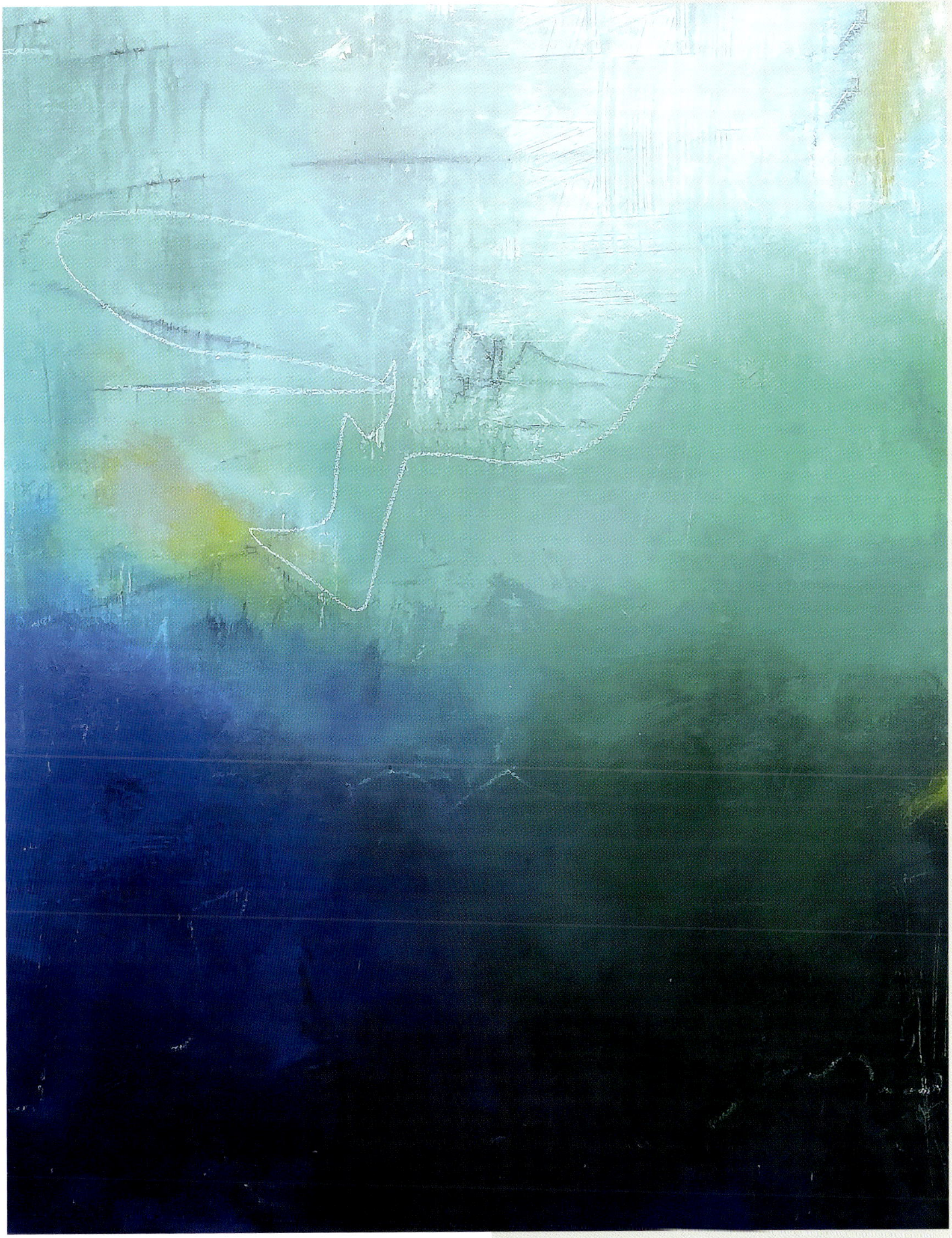

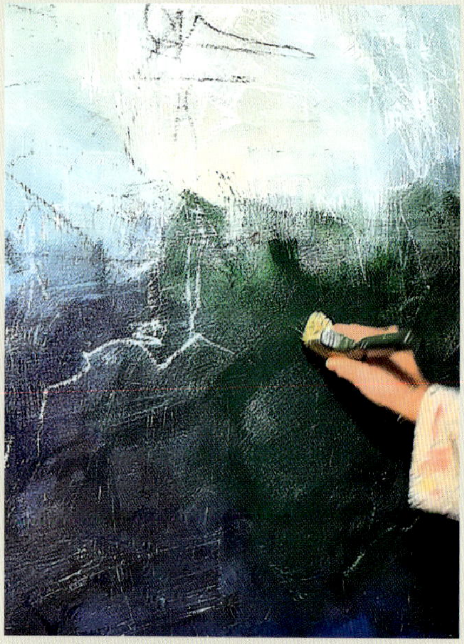

1

LOS GEHT´S!

1 Beginne damit, die Farben Saftgrün und Preußischblau mit einem feuchten Borstenpinsel aufzutragen. Hierbei mische ich die Farben vom Rand hin zur Mitte des Bildes direkt auf der Leinwand. Bei diesem Bild habe ich ein altes Gemälde von mir übermalt, weshalb noch dessen Farben, Struktur und z. B. alte Ölpastelllinien leicht zu sehen sind. Lass dich hiervon nicht ablenken. Das Saftgrün kommt unten rechts, das Blau unten links auf die Leinwand. Trage auch ein wenig Schwarz ganz unten über den unteren Teil des Grüns und des Blaus auf. Achte aber darauf, hier weiche Übergänge zu schaffen. Denke an den goldenen Schnitt und werde von unten nach oben heller.

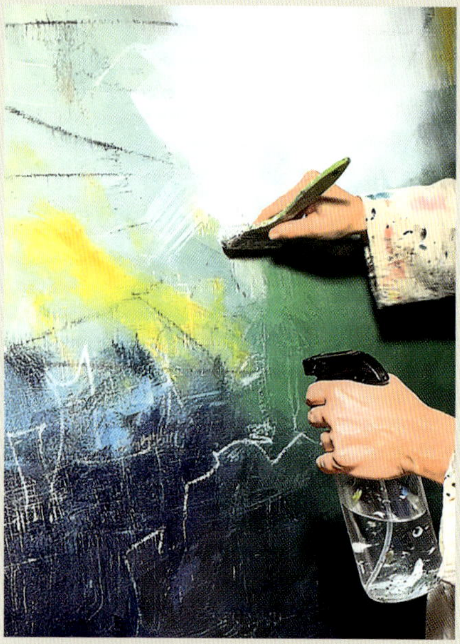

2

2 Nun widmest du dich den oberen zwei Dritteln des Bildes. Trage mit dem feuchten Borstenpinsel Green Grey und Weiß auf. Verblende die Farben miteinander und versuche, schöne Übergänge zu gestalten. Verwische die Übergänge gegebenenfalls mit einem trockenen Borstenpinsel. Setze mit dem Ocker nun einen Komplementärkontrast zum Blau, indem du mit dieser Farbe drei kleinere Akzente an unterschiedliche Stellen im Bild setzt. Dadurch wirkt das Gemälde noch harmonischer. Die Betrachtenden werden mit ihrem Blick auf der Suche nach Regelmäßigkeiten von links oben nach rechts unten wandern. Achte darauf, dass alle Farbschichten zur Mitte hin schön verblendet sind.

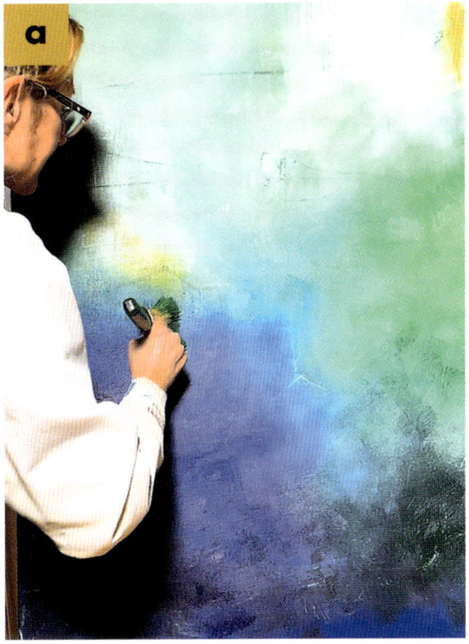

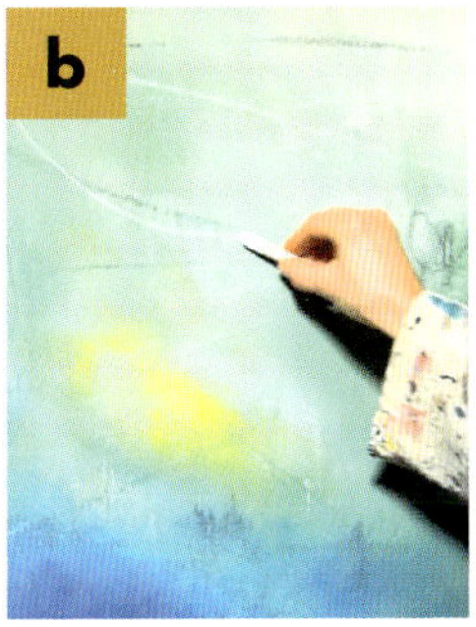

3

3a Lass dein Bild immer wieder trocknen. Nun nimm ein wenig von dem Cyan und trage es mittig auf. Denke immer daran, schöne, weiche Übergänge zu schaffen, indem du die Farbe mit einem trockenen Borstenpinsel ausblendest.

3b Lass diese Schicht wieder trocknen und male anschließend immer mal mit den Ölpastellen schöne Schwünge oder andere Formen. Tobe dich aus.

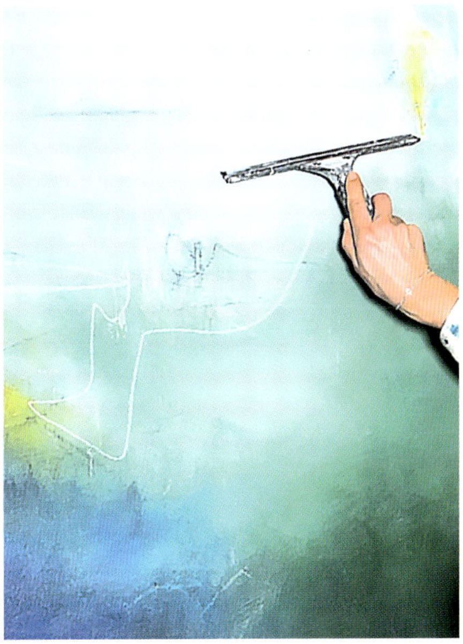

4

4 Das Bild muss nun wieder trocken sein. Besprühe den oberen Bereich des Gemäldes mit Wasser, denn nun kommt der Fensterwischer zum Einsatz. Gib etwas Weiß auf die feuchte Leinwand und verteile es ganz dünn und leicht im rechten oberen Bereich und erzeuge weiche Übergänge. So wirkt das Bild ausgeglichen.

Petras Tipps

Um das Bild interessanter zu gestalten, kannst du in diesem Schritt noch Linien in die nasse, weiße Fläche ziehen. Benutze dazu beispielsweise eine Zahnspachtel.

DRAGONFLY

Dies ist eines meiner Lieblingsbilder. Die Inspirationsquelle war eine Teichlandschaft in der Abenddämmerung. Die Sonne ist schon fast untergegangen, und eine Libelle ist auf einem Seerosenblatt zur Ruhe gekommen. Es hat mir so viel Spaß gemacht, meine Gefühle auf die Leinwand zu bringen und dabei die verschiedensten Maltechniken anzuwenden. Ich habe dem Gemälde viel Zeit gegeben, zu entstehen. Meine Intuition war mein Ratgeber. Beispielsweise hatte ich plötzlich die Idee, Stoff aufzukleben. Diesen wollte ich möglichst unauffällig in das Kunstwerk integrieren, eine kleine Challenge für mich.

DAS BRAUCHST DU

WERKZEUGE:	breiter Borstenpinsel, Silikonspachtel, Sprühflasche mit Wasser, Baumwolltuch
ÖLPASTELLE:	Weiß, Gelb
ACRYLFARBEN:	Olivgrün, Green Grey, transparentes Zinkweiß, Goldocker, Van-Dyck-Braun, Burnt Sienna
STIFTE:	weißer und schwarzer Acrylstift, schwarzer Kohlestift
LEINWAND:	80 x 100 cm
WEITERE MATERIALIEN:	ein größeres Stück Baumwollstoff zum Aufkleben, goldenes Schlagmetall und Anlegemilch, Luftpolsterfolie

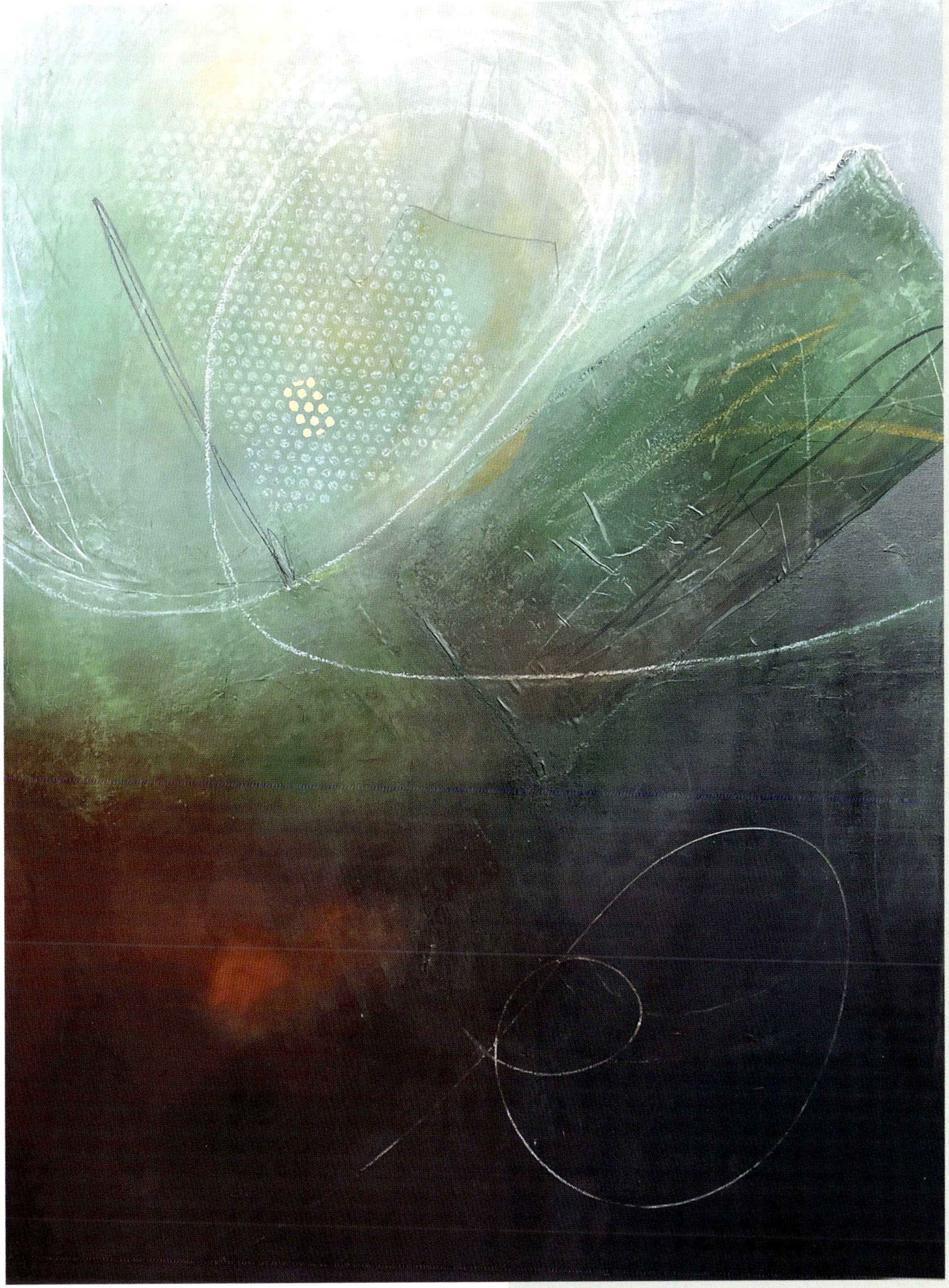

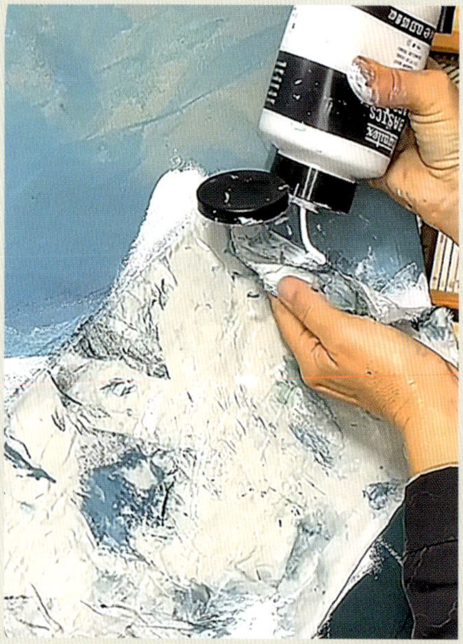

1

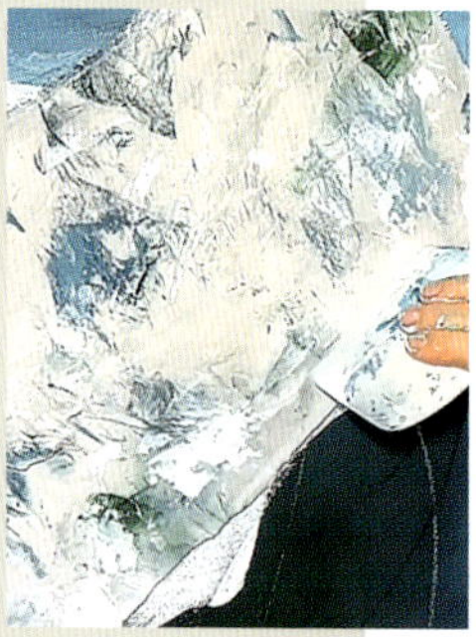

a

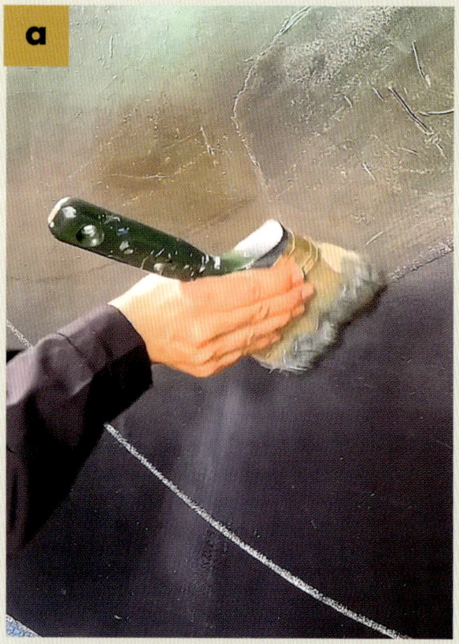

2

b

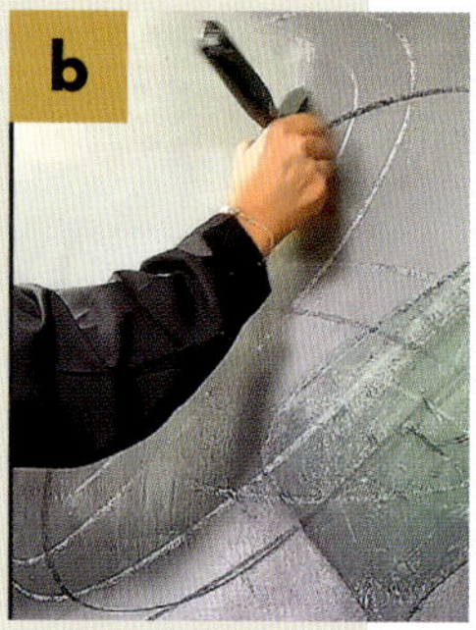

LOS GEHT'S!

1 Alle meine Bilder bestehen aus vielen Schichten Farbe. So entsteht Tiefe im Bild. Gerade bei den ersten Schichten kannst du vieles ausprobieren und dadurch Erfahrungen sammeln. Trage grob mit einem Borstenpinsel im unteren Drittel dunkelblaue Acrylfarbe auf, während du in den oberen zwei Dritteln immer heller wirst. Füge hierfür der Farbe immer mehr Weiß hinzu.

Nun kommt der Clou: Nimm ein Stück Stoff und klebe dieses auf einen Harmoniepunkt im Bild. Als Kleber kannst du hier einfach Acrylfarbe verwenden. Das funktioniert einwandfrei. Ziehe mit der Silikonspachtel den Stoff glatt. Lass das Bild nun vollständig trocknen.

2a Wie du auf den Bildern siehst, bin ich sukzessive vom grellen Blau weggekommen. Trage dazu transparentes Weiß und Green Grey in den oberen zwei Dritteln deines Gemäldes mit einem trockenen dicken Borstenpinsel auf. Verwende nur einen Hauch Farbe. So entsteht ein nebliger Effekt. Nur ganz langsam entsteht hier eine Teichlandschaft in der Abenddämmerung. Habe Geduld.

2b Lass das Bild nun wieder vollständig trocknen. Und jetzt sei ganz du selbst und habe Spaß! Ich liebe meine Schwünge mit den Ölpastellen. Sie begleiten mich wie ein guter Freund bei meinem Malprozess. Vielleicht magst du aber lieber gerade Linien, dann ziehe die Linien anders als ich. Es ist wichtig, dass du Freude bei deiner Arbeit hast.

a

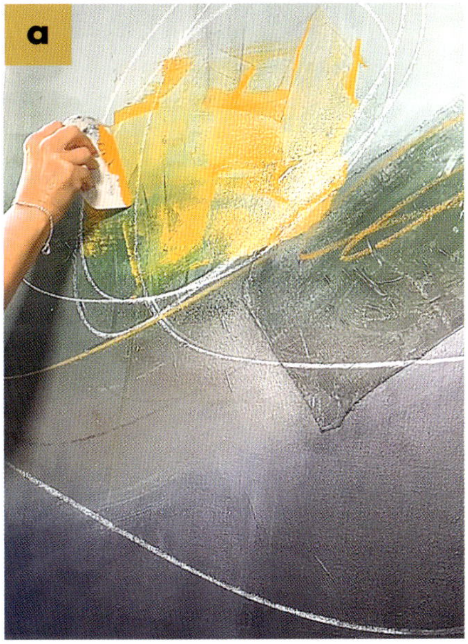

3

b

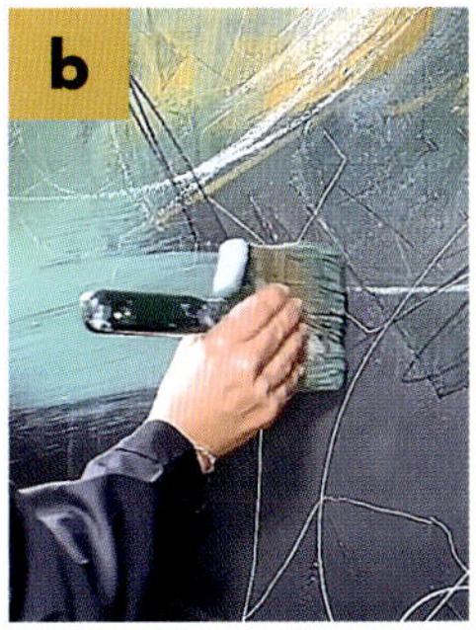

3a Wenn die Leinwand getrocknet ist, besprühe den Malgrund im oberen linken Bereich mit Wasser und verteile dort Goldocker mit der Silikonspachtel. Nach dem Trocknen zeichnest du mit einem Acrylstift abstrakt und zügig mit geraden Linien eine abstrakte Libelle darüber.

3b Trage nun mit dem trockenen Borstenpinsel und wenig Farbe ein Hellgrün (hier eine Mischung mit Grau) auf. Übermale ruhig mit einer sehr dünnen Schicht dein Insekt, aber es soll noch erkennbar bleiben. Besprühe dann den oberen Teil der Leinwand mit Wasser und gib wenig Zinkweiß darauf. Verteile das Weiß schwungvoll, teilweise transparent.

Jetzt nimm den Kohlestift und zeichne die Libelle noch einmal nach. Bleib ruhig ein paar Millimeter neben den ursprünglichen Linien.

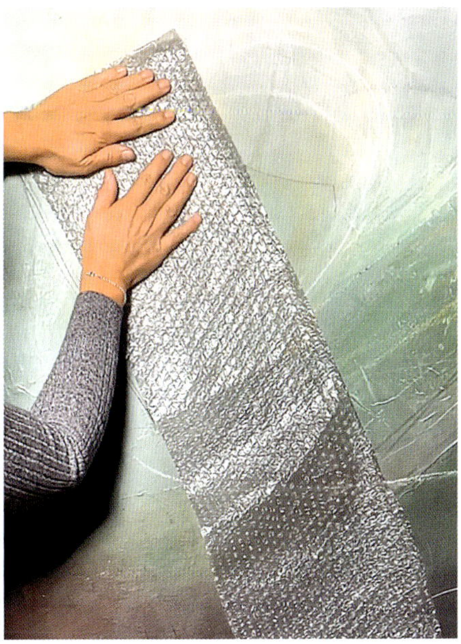

4

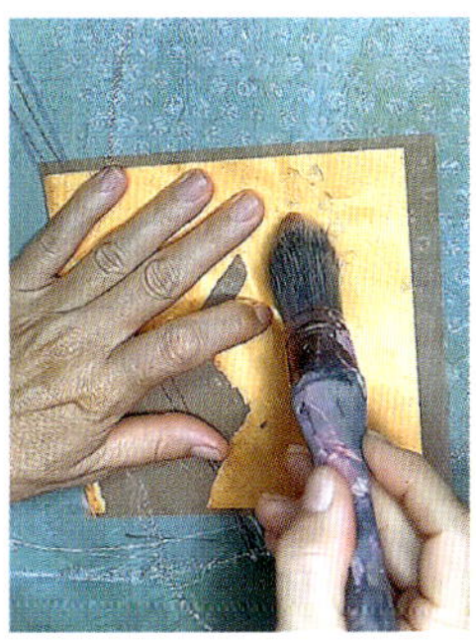

4 Trage auf das Dunkelblau im unteren Bereich mit der Silikonspachtel und viel Wasser ein sehr dunkles Braunschwarz auf. Zur Bildmitte trägst du in gleicher Weise Dunkelgrün auf. Bemale auch den Stoff. Dieser sollte sich farblich kaum von der Leinwand abheben.

Bringe mit dem trockenen Borstenpinsel ein wenig Burnt Sienna links mittig auf, etwa beim Übergang von Dunkelgrün zu Hellgrün. Achte auf einen weichen Übergang der Farben.

Bestreiche ein Stück Luftpolsterfolie mit Zinkweiß und drücke diese links oben, in der Nähe des Harmoniepunktes, auf die Leinwand. Streiche mit deinen Händen über die Folie, damit die Farbe auch auf dem Gemälde haften bleibt. Einen schönen Abschluss bilden ein paar vergoldete Punkte.

GOLDEN FRIEND

Ich habe für dieses Gemälde viele Farbschichten aufgetragen und diese zwischendurch immer wieder trocken lassen. Damit die untere Schicht mal mehr und mal weniger durchscheint, habe ich mit dem Mischverhältnis des Weißanteils der Farben gespielt. Und dann war ich eigentlich bereits mit meinem Bild fertig, aber nicht wirklich glücklich mit dem Resultat. Irgendetwas fehlte. Da kam mir der Gedanke, dass ein goldener Bereich meinem Gemälde den letzten Feinschliff geben würde. Gedacht – getan. Und wirklich, das war es! Mein „Golden Friend" fügt sich nun sehr harmonisch in mein Bild ein und macht mich glücklich.

DAS BRAUCHST DU

WERKZEUGE:	Fensterwischer, Kunststoff- und Metallspachtel, Wassersprühflasche mit Wasser, Kamm, Tuch
ACRYLFARBEN:	Green Grey, Goldocker, Raw Umber, Van-Dyck-Braun, Weiß, Schwarz, Beige, Titane Écru (einige Farben habe ich mir vorher zusammengemischt: ein dunkles und helles Blaugrau, ein dunkles und helles, leuchtendes Grün)
LEINWAND:	40 x 40 cm
WEITERE MATERIALIEN:	goldenes Schlagmetall und Anlegemilch

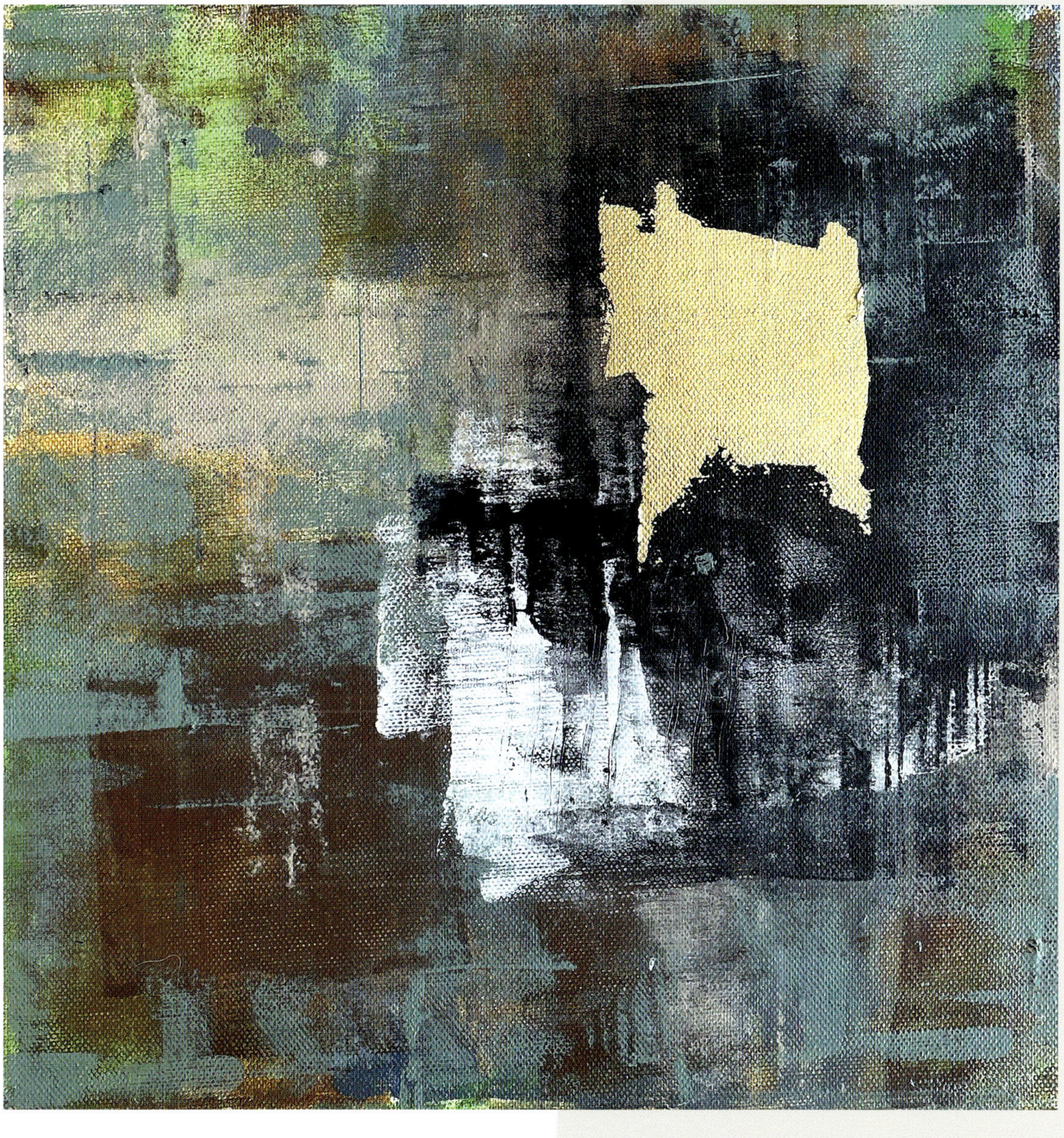

LOS GEHT´S!

1

a

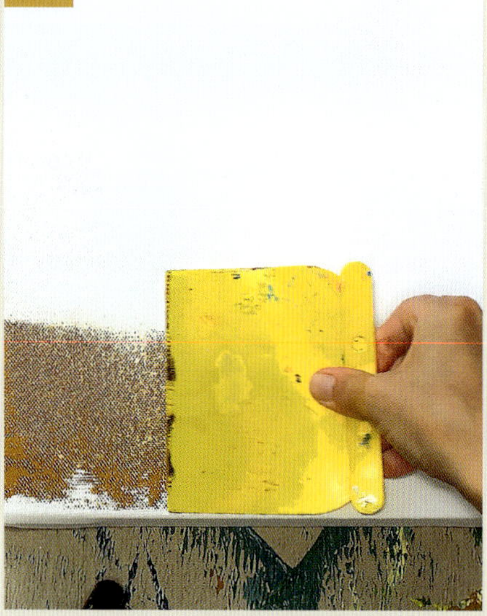

b

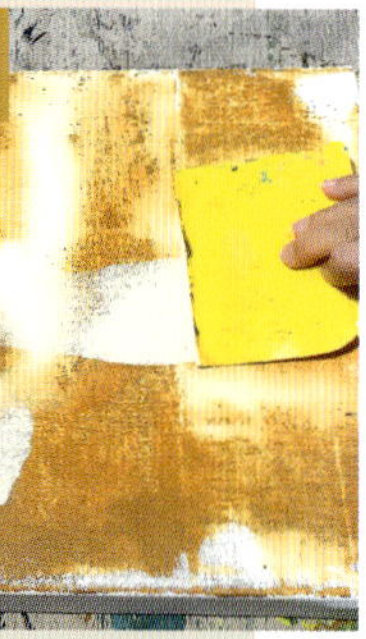

1 Befeuchte deine Leinwand zuallererst leicht mit Wasser. Nimm dann die Kunststoffspachtel und trage das Goldocker und das Weiß auf. Verstreiche dabei die Farben schön glatt. Verteile sie also ganz dünn und ebenmäßig. Wenn du die Spachtel mit dem Daumen nach oben hältst, kannst du mehr Farbe auftragen (siehe Bild a). Wenn du die Spachtel wie in Bild b hältst, also mit dem Daumen nach unten, kannst du die Farbe wieder abnehmen. Experimentiere in dieser ersten Schicht mit der Spachtel. Du kannst sie auf unterschiedliche Weise in die Hand nehmen und so die Farben verteilen oder abnehmen.

2

a

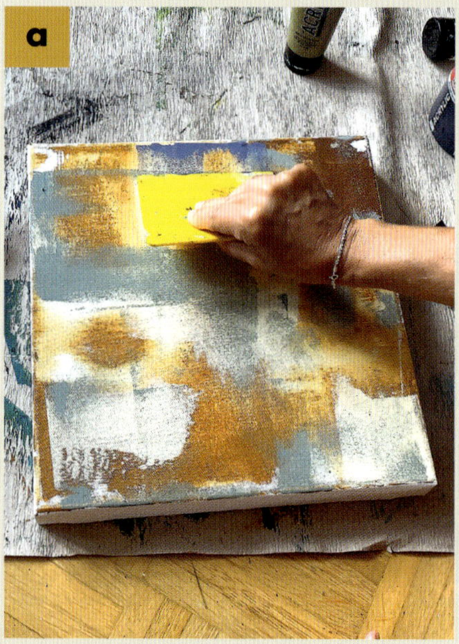

b

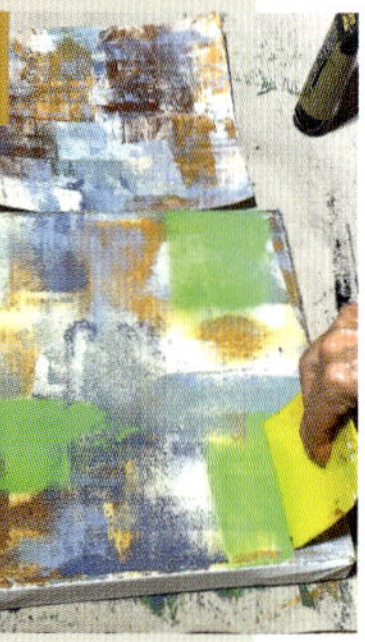

2a Lass die Farben trocknen. Befeuchte dann die Leinwand wieder leicht mit Wasser. Trage als zweite Schicht dein selbst angemischtes, dunkles Blaugrau mit der Kunststoffspachtel dünn auf. Verwende hier ganz wenig Farbe. Achte darauf, dass man durch diese Schicht immer noch teilweise die Farben der ersten Schicht erkennt. Wenn du die Farbe zu dick aufgetragen hast, nimm sie mit der Spachtel wieder ab. Du kannst auch mal mit der Kante der Spachtel Linien ziehen. Flächen und Linien passen in der abstrakten Kunst sehr gut zusammen. Trage dazu auf die Kante Farbe auf und stemple eine Linie. Nur Mut, es kommen noch weitere Schichten hinzu!

2b Verfahre mit dem hellen und leuchtenden Grün und der dritten Schicht genauso wie mit dem Blaugrau in der zweiten Schicht. Lass dann alles trocknen.

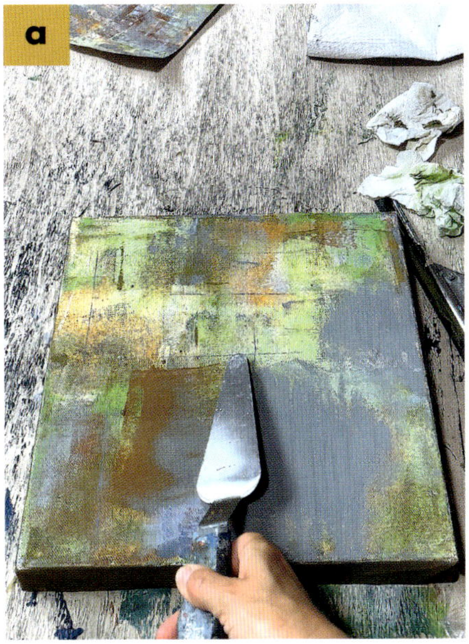

3

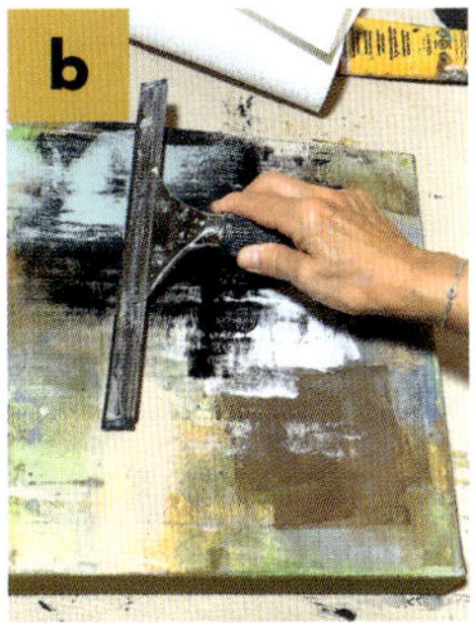

3a Befeuchte deine Leinwand mit ein bisschen Wasser. Nun verwende deine Metallspachtel. Verteile die Farben Blaugrau, Raw Umber und Van-Dyck-Braun und verstreiche diese auf deinem Malgrund. Lass alles trocknen und befeuchte die Leinwand im Anschluss wieder leicht. Trage nun ein wenig Weiß auf. Die Farbe wieder trocknen lassen. Hier liegt der Fokus darin, in Schichten zu arbeiten.

3b Trage jetzt auf das Weiß einen Klecks Schwarz auf, befeuchte diesen ein wenig mit dem Wasser aus der Sprühflasche und verstreiche die unbunte Farbe mit der Spachtel. Halte während des Verstreichens öfter mal kurz inne, sodass Linien entstehen. Nach dem Trocknungsprozess besprühst du die Leinwand noch einmal mit Wasser und trägst anschließend ein wenig Green Grey mit dem Fensterwischer in Randnähe auf. Verteile die Farbe von außen nach innen. Anschließend tupfst du, hauptsächlich im Innenbereich, die Farbe mit einem Baumwolltuch teilweise wieder ab. Das Schwarz soll durchscheinend sein. Die darunterliegenden Farben sollen noch gut erkennbar sein.

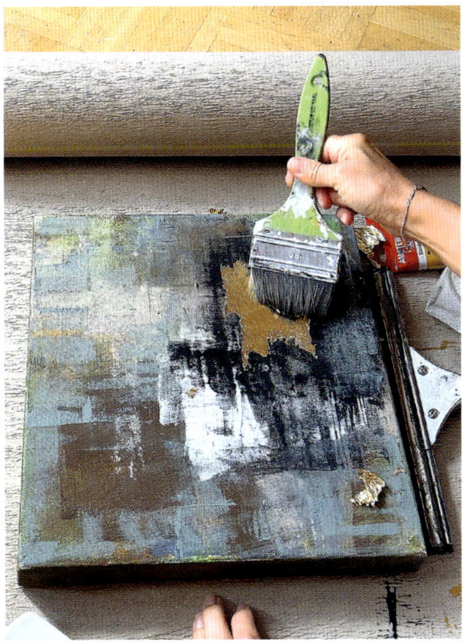

4

4 Nun kommen wir zu dem Highlight. Hierzu habe ich einen kleinen Bereich auf dem Schwarz vergoldet. Schau dir hierzu nochmal das Kapitel „Vergolden“ auf Seite 27 an. Dort findest du all die nötigen Schritte, um das goldene Schlagmetall korrekt aufzutragen. Mit diesem schönen Detail rundest du dein Kunstwerk ab.

SPRING FLING

Findest du nicht auch, dass dieses Bild den Frühling perfekt darstellt? Ich habe das Gemälde mitten im Winter angefertigt, weil ich genug von dem Grau und Braun draußen hatte. Mir fehlten die Farben und die Sonne. Ich wollte unbedingt jetzt den Frühling! Deshalb zauberte ich ihn in meinen Gedanken herbei und brachte diesen, ohne lange nachzudenken, voller Energie auf die Leinwand. Das hat mich glücklich gemacht. Ich kann euch nur von ganzem Herzen raten, an etwas Schönes zu denken, wenn ihr unglücklich seid, und zu versuchen, diese Vorstellung auf einem Malgrund vollkommen frei wiederzugeben.

DAS BRAUCHST DU

WERKZEUGE:	Pinsel (Borstenpinsel, Schwammpinsel, breiter Flachpinsel), Silikonspachtel, Wassersprühflasche mit Wasser zum Befeuchten
ÖLPASTELLE:	Weiß, Blau, Orange, Rot
ACRYLFARBEN:	Olivgrün (dunkel), Hellblau, Green Grey, Schwarz, Weiß, Gelb, Rosa, Orange, Titane Écru, Blau, Titanium Weiß
LEINWAND:	80 x 100 cm
WEITERE MATERIALIEN:	Baumwolltuch

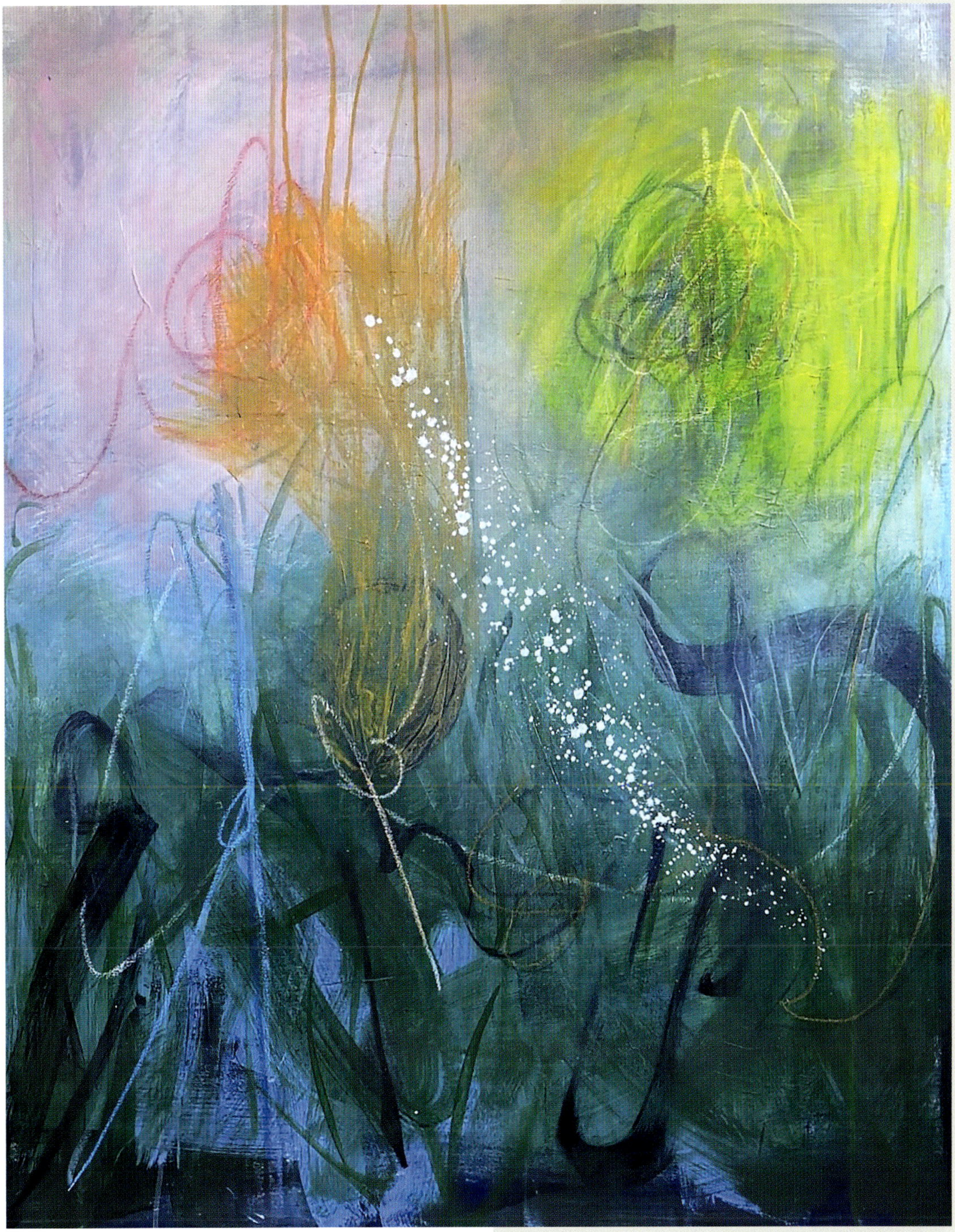

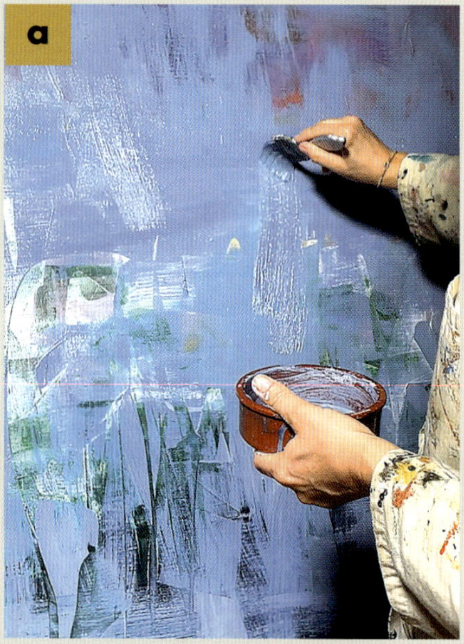

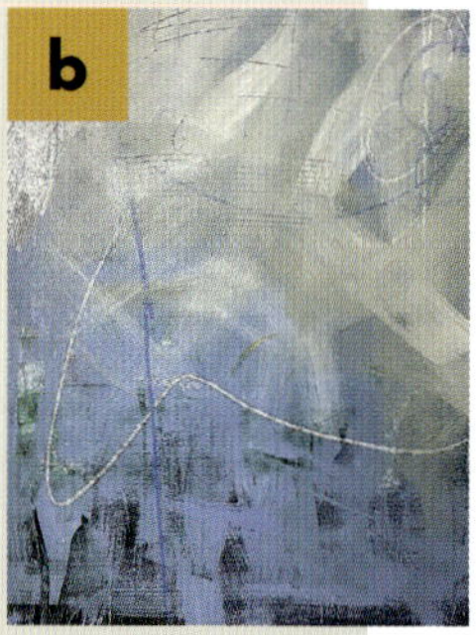

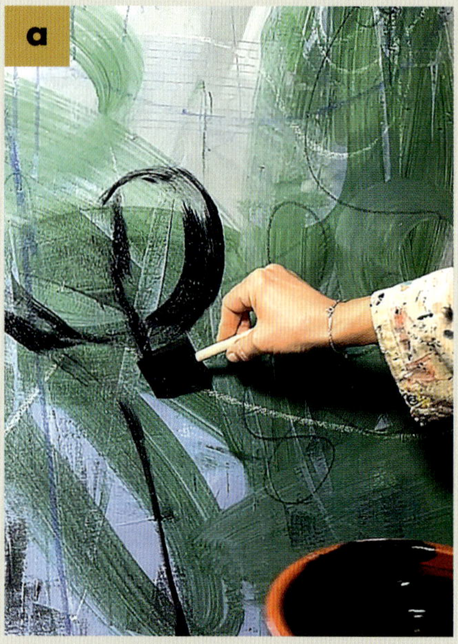

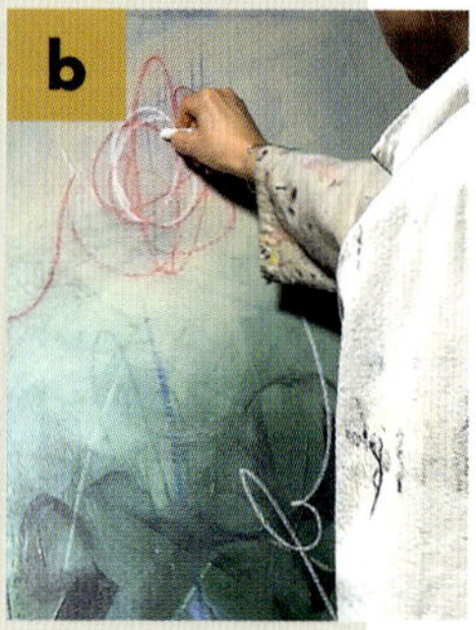

LOS GEHT´S!

1a Wie du auf den Fotos erkennen kannst, habe ich hier ein altes Bild übermalt. Da das Gemälde möglichst dreidimensional wirken soll, wirst du in mehreren Schichten arbeiten. Als erste Schicht trägst du mit einem Borstenpinsel einen schönen Blauton zügig auf die Leinwand auf. Ich habe mir hier den Himmel vorgestellt und dazu Blau mit Titanium Weiß gemischt. Gerade wenn du ein Bild neu anfängst, kannst du am Anfang so viel ex perimentieren, wie du willst, da du alles ganz einfach wieder übermalen kannst.

1b Anschließend kannst du auch schon deine weißen und blauen Ölpastelle zur Hand nehmen und ein paar Schwünge auf die getrocknete Farbschicht ziehen. Als dritte Schicht kommen die Wolken hinzu. Hierfür nimmst du wieder deinen Borstenpinsel und weiße Acrylfarbe und trägst diese dynamisch auf die Leinwand im oberen Drittel auf.

2a Nimm deinen breiten Borstenpinsel und trage nun das dunkle Olivgrün lebhaft und mittig auf deinen Malgrund auf. Bitte lass hierbei noch einige Stellen frei, damit noch die unteren Farbschichten zu sehen sind. Kreiere danach mit der schwarzen Acrylfarbe und deinem Schwammpinsel einen Kontrast (bunt–unbunt). Hiermit wollte ich das Bild klarer werden lassen und weitere Tiefe erzeugen.

2b Widme dich nun deinen ersten Blumen. Trage diese ganz intuitiv und frei mit einer rosafarbenen und grünen Ölpastellfarbe auf einer fast transparenten Schicht Titane Écru auf.

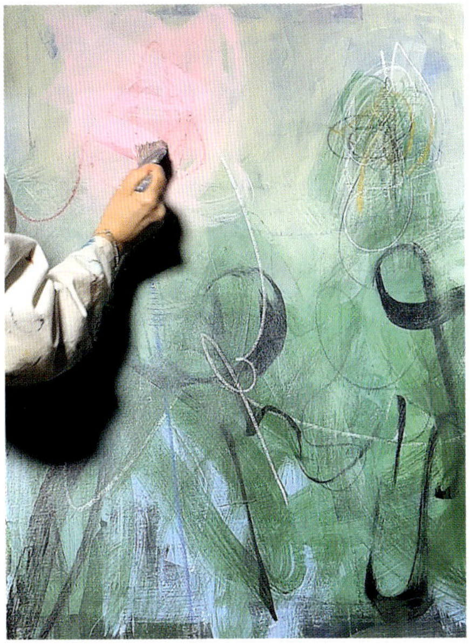

3

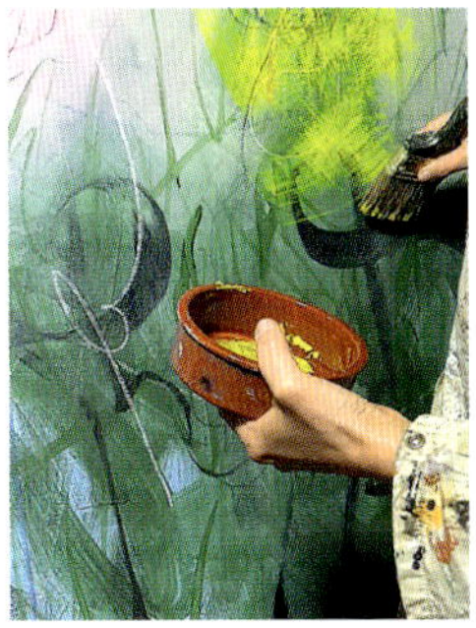

3 Danach habe ich auf die mit den Ölpastellen vorgemalten Blumen noch ganz zart (fast transparent) Rosa und Gelb aufgetragen. Hierfür eignet sich die Silikonspachtel sehr gut. Ich wollte, dass die vorgemalten Blumen durch die Farbe besser zu erkennen sind. Tupfe dann das Gelb auch noch mal mit einem dicken Pinsel auf die Blüte. Dadurch ist die Farbe mal transparenter und mal pastoser. Die Blume gewinnt so an Plastizität.

4a Die dritte Blume ist fast gegenständlich und wird in den unteren mittleren Bereich des Bildes eingearbeitet. Ich wollte eine Glockenblume darstellen. Um sie nahezu transparent anzufertigen, habe ich die noch feuchte orangene Farbe mit meinem Wassersprayer angesprüht. Die Farbe fing dadurch an zu laufen, und die Blume wurde zarter.

4b Zum Schluss habe ich die weiße Farbe mit einem großem Pinselschwung auf mein Bild „geschmissen". Das erzeugt Dynamik. Lege dazu deine Leinwand am besten auf den mit Zeitungspapier ausgelegten Boden.

a

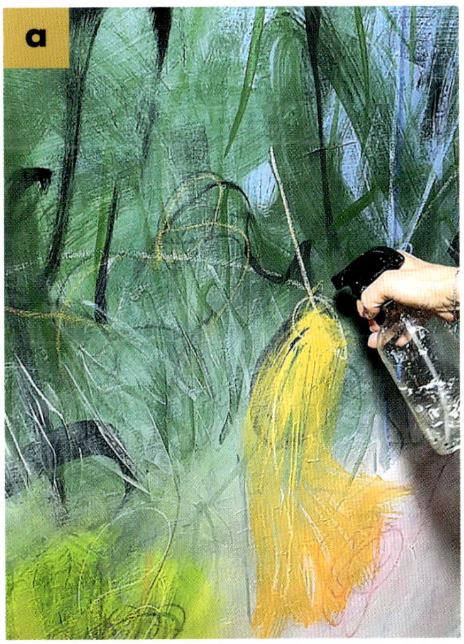

4

b

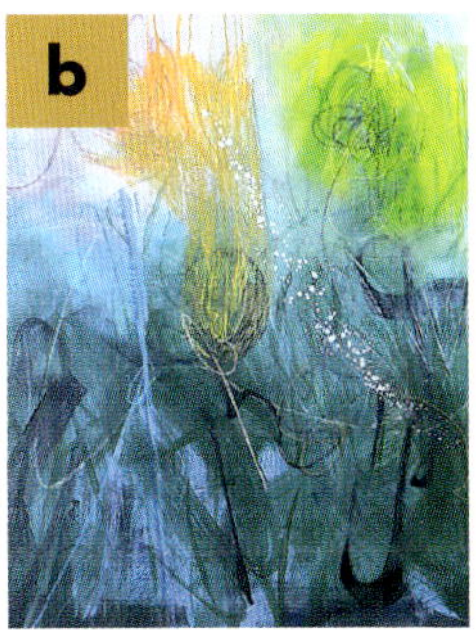

Petras Tipp

Wenn du eine Farbe heller bzw. pastelliger haben möchtest, mischst du diese normalerweise mit Zinkweiß. Nimmst du Titanium Weiß, bekommt deine neue Farbe zusätzlich eine hohe Deckkraft. Dies ist besonders nützlich, wenn du ein altes Bild übermalen möchtest.

SUNSET

Zu diesem Bild hat mich ein Sonnenuntergang am Meer inspiriert. Dieses faszinierende Schauspiel beruhigte mich und gab mir ein Gefühl von Geborgenheit. Ich fühlte mich mit der Natur verbunden. Der ganze Alltagsstress fiel von mir ab. Mir war es wichtig, nur mit Farben und Strukturen diese wunderschöne Stimmung und meine Gefühle auf die Leinwand zu bringen.

DAS BRAUCHST DU

WERKZEUGE:	Kunststoffspachtel, Glättkelle, Fensterwischer, Handbesen, Wassersprühflasche mit Wasser
ACRYLFARBEN:	Goldocker, Gelber Ocker, Primärblau, Lichtblau, Olivgrün, Neapel Gelb dunkel, Van-Dyck-Braun, Burnt Sienna
LEINWAND:	80 x 100 cm
WEITERE MATERIALIEN:	goldenes Schlagmetall und Anlegemilch, Baumwolltuch

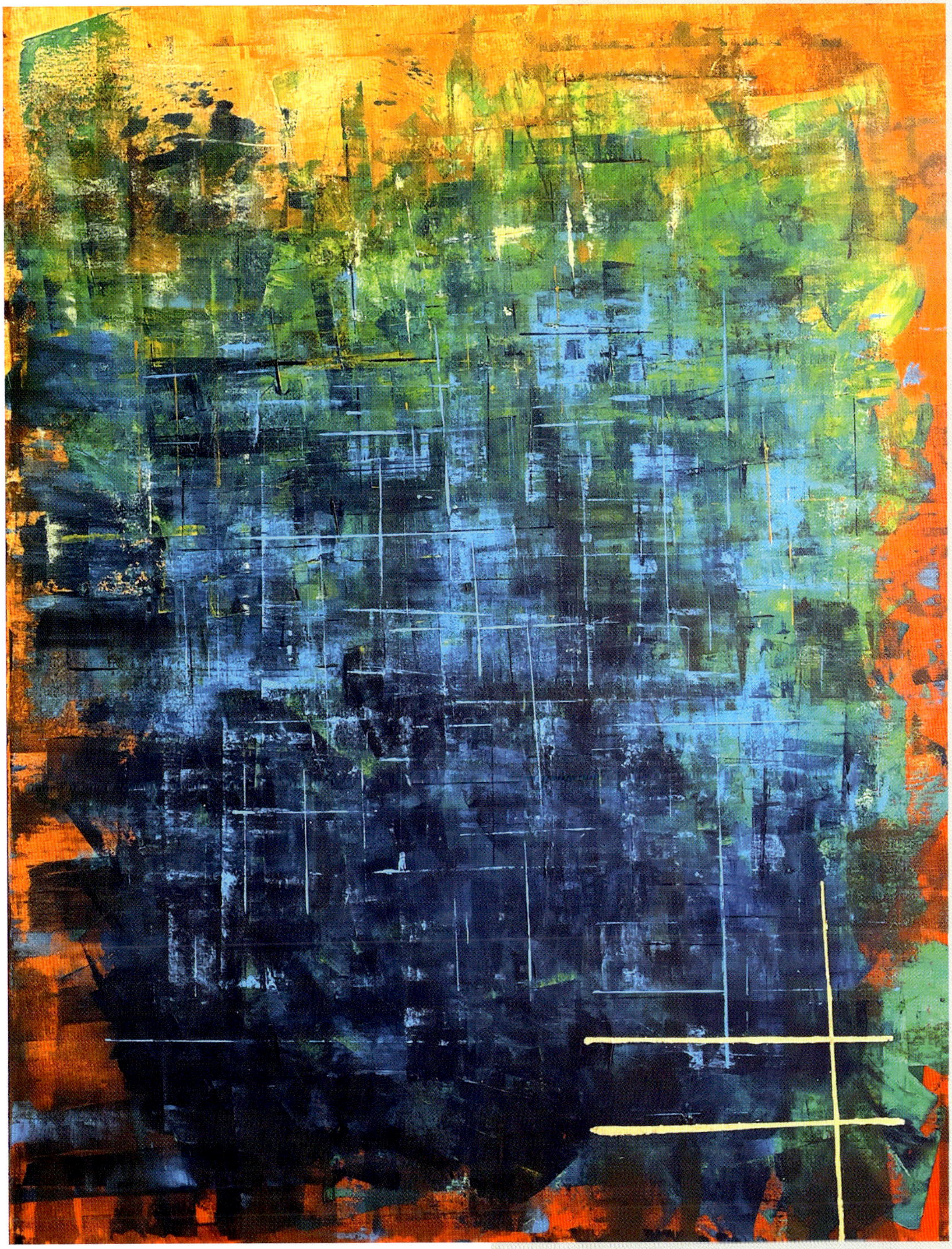

1

a

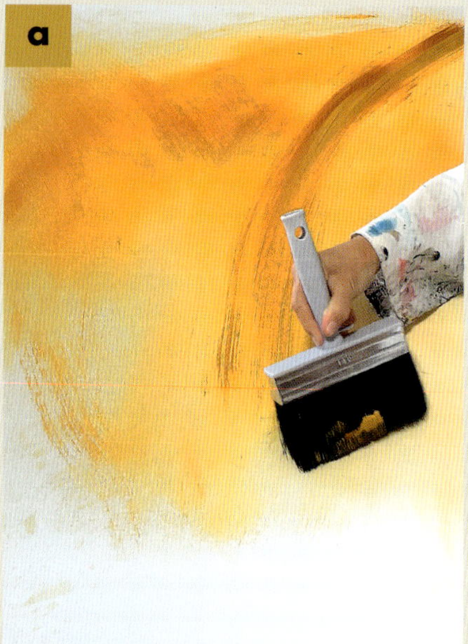

b

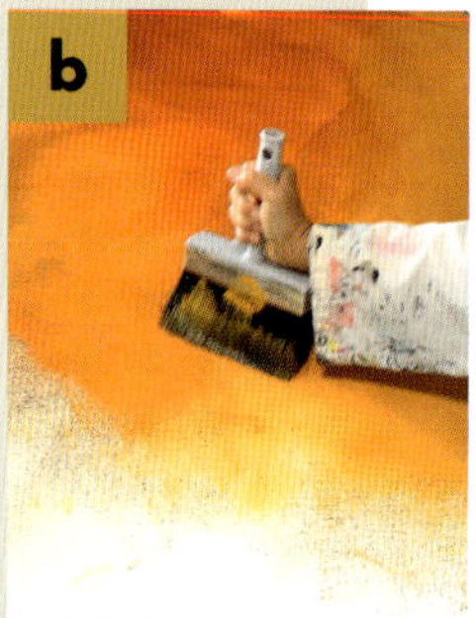

2

a

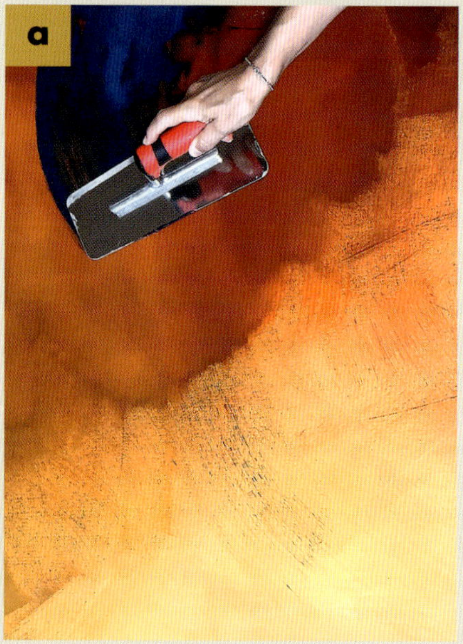

b

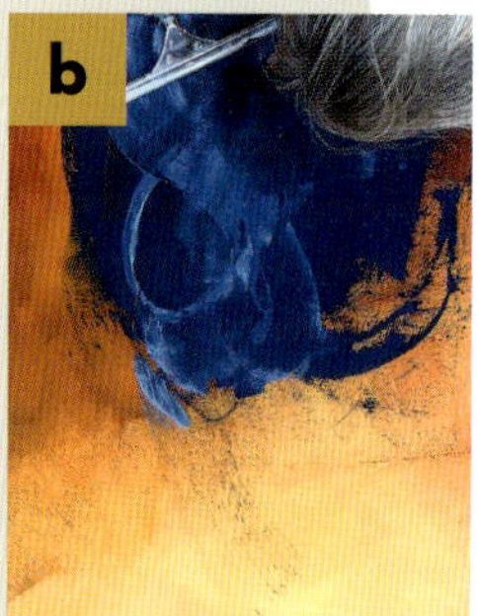

LOS GEHT´S!

1a Befeuchte die Leinwand mit der Wassersprühflasche. Gib die Farben Goldocker und Gelber Ocker direkt auf deinen Malgrund (oder helle dein Goldocker mit Weiß ein wenig auf) und verteile die Farben in großen Schwüngen mit dem Handbesen. Hab Spaß dabei! Experimentiere mit diesem für diesen Zweck umfunktionierten Werkzeug.

1b Teile langsam deine Bildfläche nach dem Goldenen Schnitt auf, d. h. gib für den helleren Teil Weiß in die oberen zwei Drittel und für den dunkleren Teil der Leinwand Burnt Sienna in das untere Drittel. Besprühe immer mal wieder die Leinwand mit Wasser, damit du die Farbe leichter verteilen kannst. Du mischst die Farben nass in nass.

2a Lasse das Bild trocknen und befeuchte es anschließend wieder leicht mit Wasser. Nun gib das Primärblau auf die Leinwand und verteile die Farbe mit der Glättkelle. Dieses Werkzeug war auch für mich neu. Wenn die Kelle schwer zu bewegen ist, sprühe Wasser auf die Farbe.

2b Nun nimm den Fensterwischer und verteile das Lichtblau in das nasse Primärblau. Stell dir dabei das unergründliche und unendliche Meer vor. Riechst du die frische und salzige Luft? Hörst du das rhythmische Rauschen? Ziehe Schwünge voller Leidenschaft und denke dabei an die tosenden und wild schäumenden Wellen.

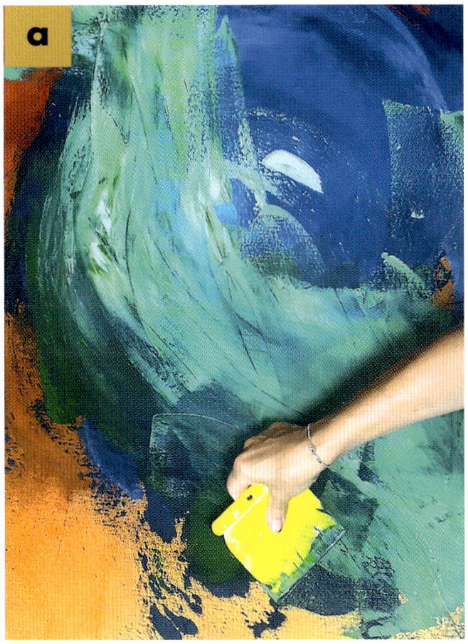

3

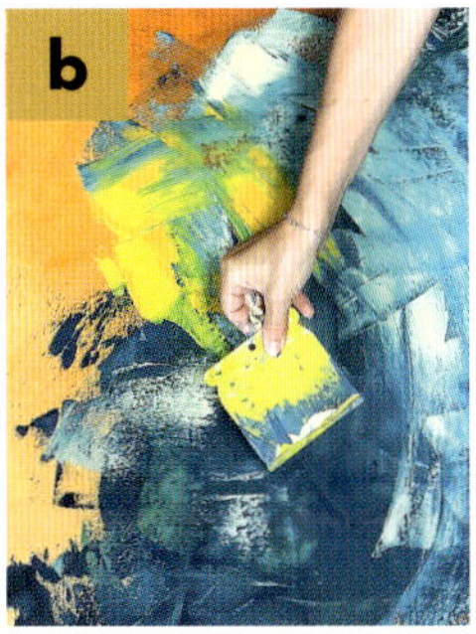

3a Jetzt gib in die noch nasse Farbe dein Olivgrün dazu. Wenn du willst, kannst du mit der Kunststoffspachtel weiterarbeiten. So kreierst du neue Effekte. Diese sind wichtig für dein Gemälde. Mische das Grün an einigen Stellen mit dem Blau, und so erhältst du ein Türkis. Hauche deinem Meer mit den vielen Farben und deinen Bewegungen Leben ein.

3b Mische auch noch ein wenig Neapel Gelb dazu. So deutest du die Reflexion der Sonnenstrahlen im Meer an.

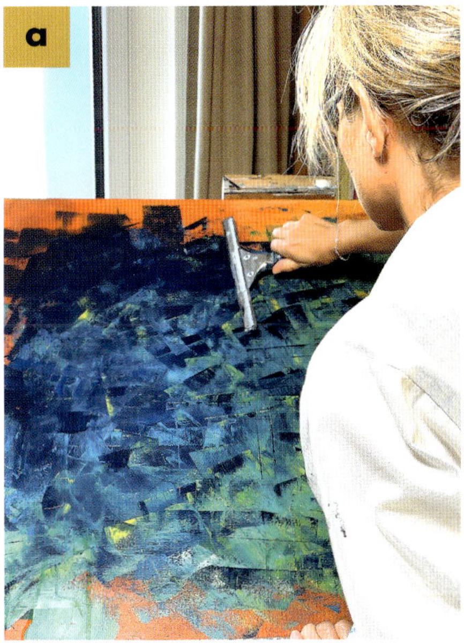

4

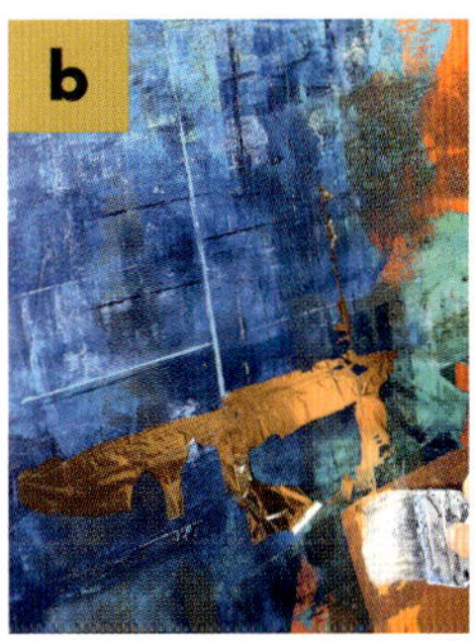

4a Die Farben sollten für den nächsten Schritt noch nass sein. Nimm dann für weitere Effekte den Fensterwischer und verziehe die Farben ineinander. Gib noch ein wenig Braun auf den unteren Teil des Bildes. Das Meer hat so viele Farben. Auch die Jahreszeiten spielen hier eine sehr große Rolle.

4b Um die Reflexionen der Sonnenstrahlen nachzuahmen, gib Lichtblau auf die Gummilippe des Fensterwischers und stemple damit senkrecht und waagrecht hauptsächlich mittig auf dein Meer. Und zum Schluss kommt noch Gold als Hingucker zum Einsatz. Kreiere drei schmale Linien im rechten unteren Teil des Gemäldes, zwei davon waagrecht und eine senkrecht.

MARIPOSA

Der frische Duft der Flora, das laue Lüftchen, die Blumen in verschiedenen und prächtigen Farben, die zwitschernden Vögel und das Summen der Insekten – das alles ist für mich Frühling. Und diesen wollte ich mit all meinen positiven Gedanken und Emotionen auf die Leinwand bringen. Starke Farbkontraste machen das Bild lebendig und ausdrucksstark. Die leuchtenden Farben, hauptsächlich Primär- und Sekundärfarben, harmonieren miteinander. Die Farbübergänge habe ich verblendet. Der Hauptakzent, ein abstrakter Schmetterling, liegt ungefähr auf dem Harmoniepunkt der beiden Schnittachsen im rechten oberen Bereich.

DAS BRAUCHST DU

WERKZEUGE:	dicker Borstenpinsel, Silikonspachtel, Wassersprühflasche mit Wasser
ÖLPASTELLE:	Schwarz, Braun, Weiß, Blau
STIFTE:	Kohlestift schwarz
ACRYLFARBEN:	Gelb, Olivgrün, Laubgrün, Preußischblau, Orange, Green Grey, Bronze, Raw Umber, Schwarz, Violett, Gold
LEINWAND:	60 x 80 cm

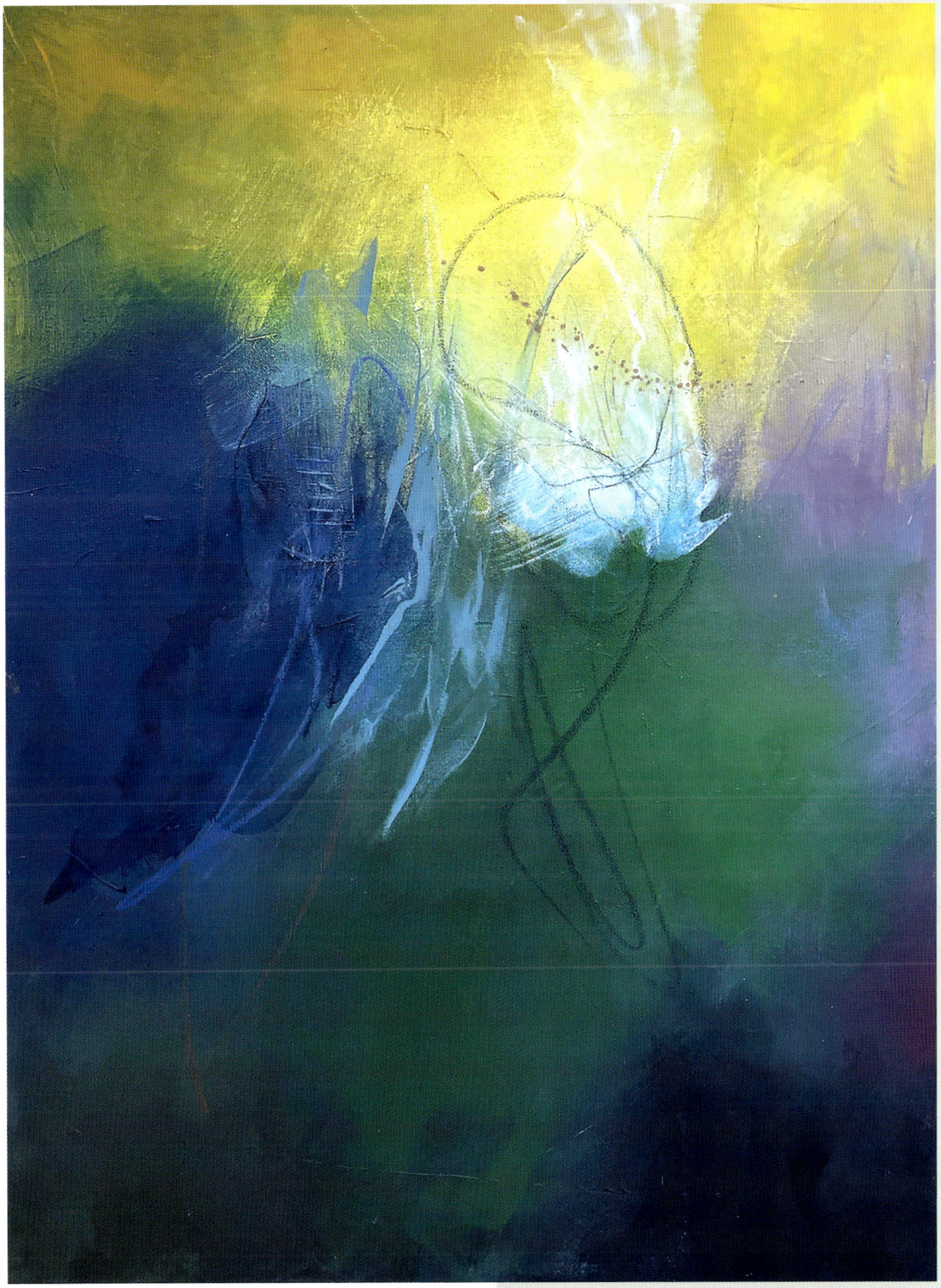

a

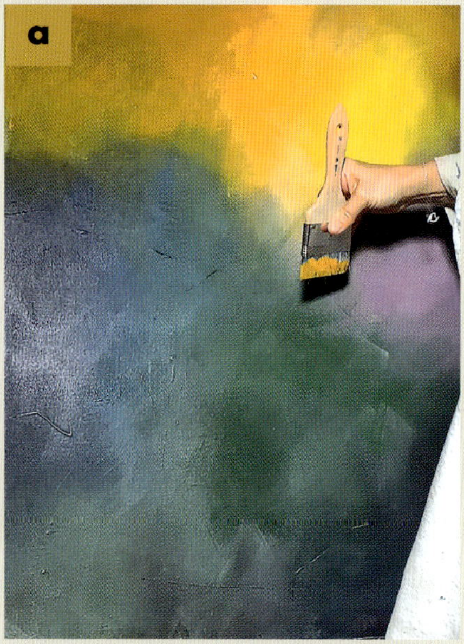

1

b

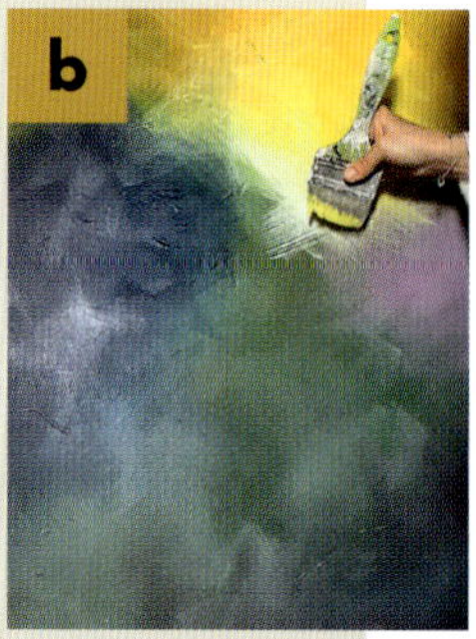

2

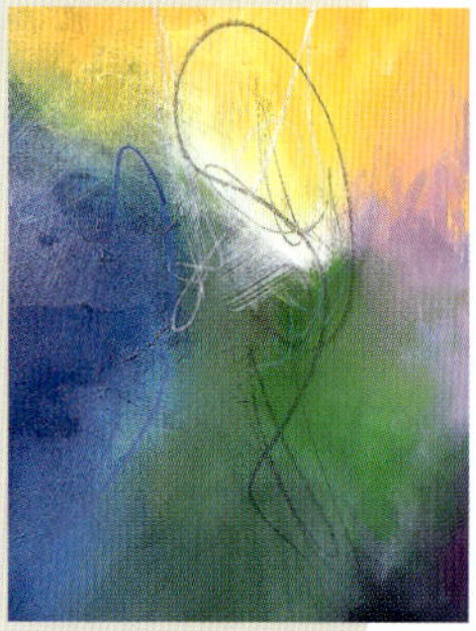

LOS GEHT´S!

1a Befeuchte deine Leinwand mit sehr wenig Wasser. Nimm deinen trockenen Borstenpinsel und verteile Gelb, Orange, Laubgrün, Preußischblau, Violett und Schwarz mit raschen Pinselbewegungen auf deiner Leinwand. Orientiere dich bei deren Aufteilung an dem Foto. Verwende viel Farbe und wenig Wasser. Du malst hier nass in nass, um die Farben miteinander zu verblenden. Male so lange mit schnellen, kurzen Pinselbewegungen über die Farbübergänge, bis sie dir gefallen. Hier ist Übung gefragt. Einen schönen weichen Farbübergang hinzubekommen ist nicht so leicht.

1b Verteile ungefähr am Harmoniepunkt der beiden Schnittachsen, im oberen rechten Bereich, Weiß mit deinem Borstenpinsel.

2 Nachdem die Farben getrocknet sind, nimmst du die Ölpastellfarben und malst mit den Farben Blau, Braun, Weiß und Schwarz schöne Schwünge. Male auch einen schwarzen Bogen in das Weiß hinein. Die Schwünge mit den Ölpastellkreiden unterbrechen die Flächen und sind sehr wichtig für den Ausdruck deines Bildes. Sie stehen für Leichtigkeit und Freude. Stell dir vor, du würdest an einem wunderschönen Frühlingstag über eine Blumenwiese laufen. Versetze dich mit all deinen Sinnen in diese Situation. Der Duft der Blumen, die warmen Sonnenstrahlen auf deinem Gesicht, das Gezwitscher der Vögel und das Summen der Insekten. Wie geht es Dir jetzt? Kannst du diese Leichtigkeit fühlen?

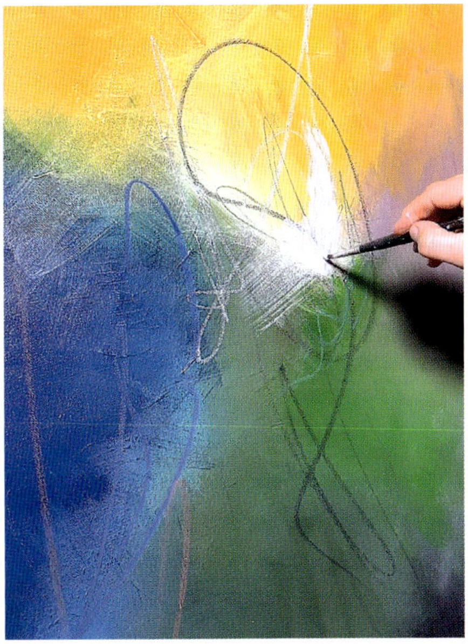

3

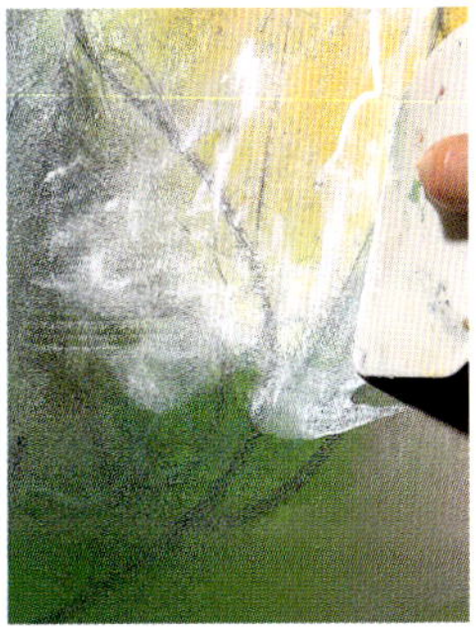

3 Du konzentrierst dich jetzt auf deinen Hauptakzent. Gib noch einmal ein wenig Weiß, diesmal aber mit Acrylfarbe, auf den Harmoniepunkt. Sprühe etwas Wasser darauf. Das Weiß muss sehr wässrig sein, sonst deckt es zu sehr ab. Nimm dann die Silikonspachtel und verziehe die Farbe ein wenig, sodass sie sehr dünn und durchscheinend aufgetragen ist. Versuche, eine kleine Wolkenform zu kreieren. Zum Schluss kannst du mit einem Pinselstiel Linien oder Schwünge in die noch feuchte unbunte Farbe kratzen (Sgraffitotechnik).

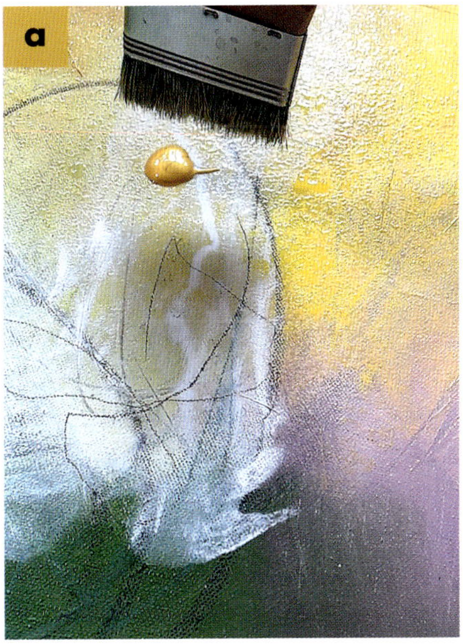

4

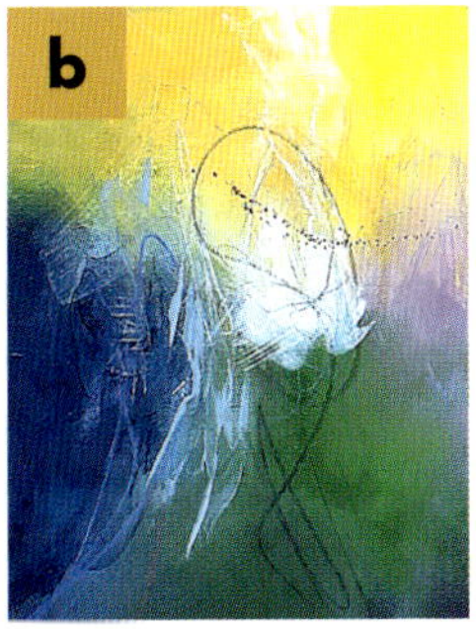

4a Nimm nun einen schwarzen Kohlestift und zeichne in das feuchte Weiß einen mehr oder weniger erkennbaren, ca. 15 cm großen Schmetterling. Ich möchte die Dinge nur andeuten und subtil aufzeigen. Aber bitte gestalte den Schmetterling nach deiner Façon. Das ist dein Bild, und du wirst sicher mein Gemälde nicht eins zu eins abmalen wollen.

Gib nun einen Klecks Gold über den Schmetterling auf den Malgrund und mische diesen mit dem noch feuchten Weiß. Die Acrylfarbe Gold ist generell sehr transparent. Eine kleine Menge davon ist kaum sichtbar auf deinem Gemälde.

4b Zu guter Letzt nimm auf einen sehr feuchten Rundpinsel die Farbe Bronze auf und wirf diese mit einer schnellen Handbewegung über den Harmoniepunkt beim Schmetterling. Ich rate dir, dies vorher zu üben. Erst wenn du das Verhältnis von Wasser und Farbe kennst und den richtigen Pinsel gefunden hast, dir also das Ergebnis deines Farbwurfs gefällt, solltest du auf deinem Kunstwerk loslegen.

SISTERS

Ein Diptychon, ein zweiteiliges Gemälde, ist eine wunderbare Möglichkeit, kreativ zu werden. Bei meinen Gemälden habe ich an einen imposanten Sonnenuntergang gedacht. Diese Wucht an Farben haut mich jedes Mal aufs Neue um. Und ist es nicht schön, das, was einen innerlich bewegt, auf einer Leinwand wiederzugeben? Dabei ist es möglich, diese atemberaubende Schönheit noch einmal zu erleben. Beide Bilder habe ich gleichzeitig angefertigt. Die Platzierung der Farben ist auf den Gemälden aber unterschiedlich. Versuche, ein Gefühl für die Farben und deren Mischungen zu bekommen. Was dir nicht gefällt, übermalst du.

DAS BRAUCHST DU

WERKZEUGE:	Kunststoffspachtel, Wassersprühflasche mit Wasser
ACRYLFARBEN:	Magenta, Primärgelb, Orange, Olivgrün, Weiß, Van-Dyck-Braun, Warm Grey
LEINWAND:	zweimal 30 x 30 cm
WEITERE MATERIALIEN:	Baumwolltuch oder Küchenrolle

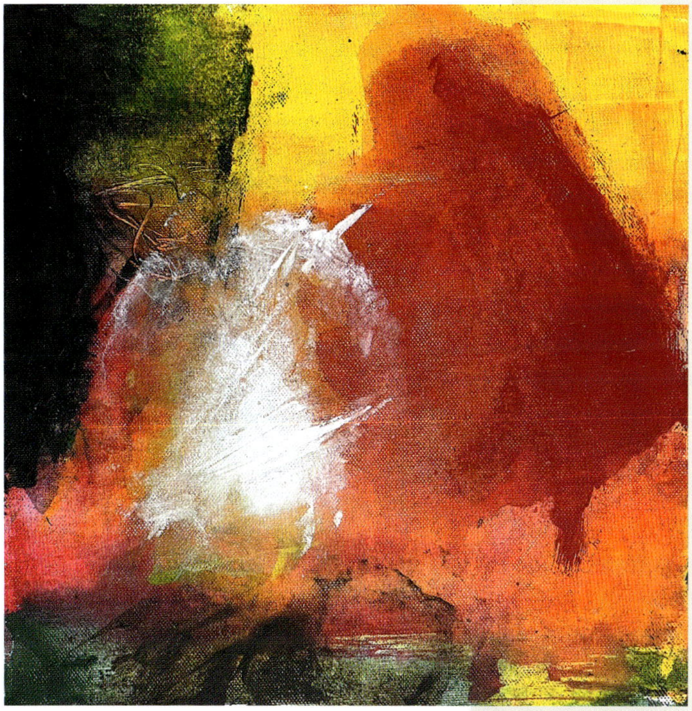

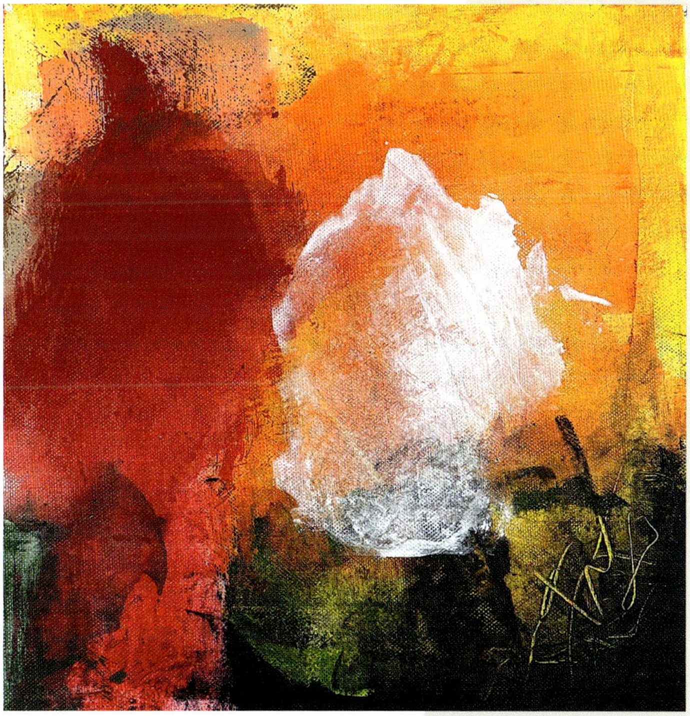

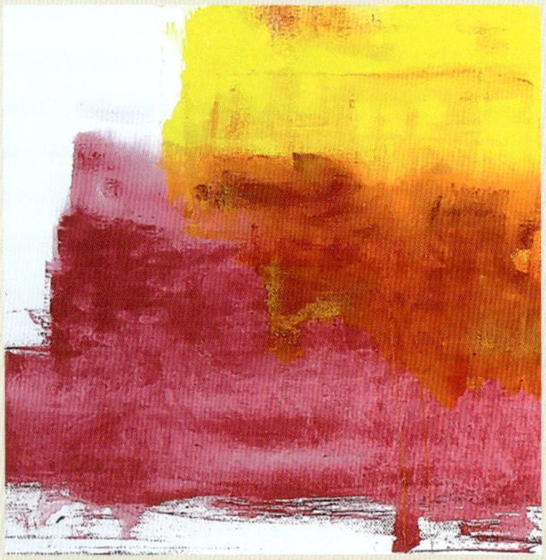

1

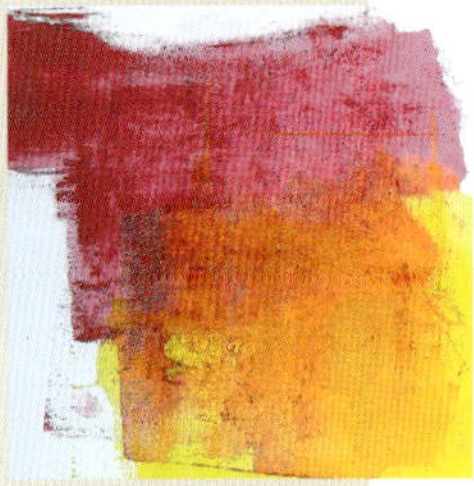

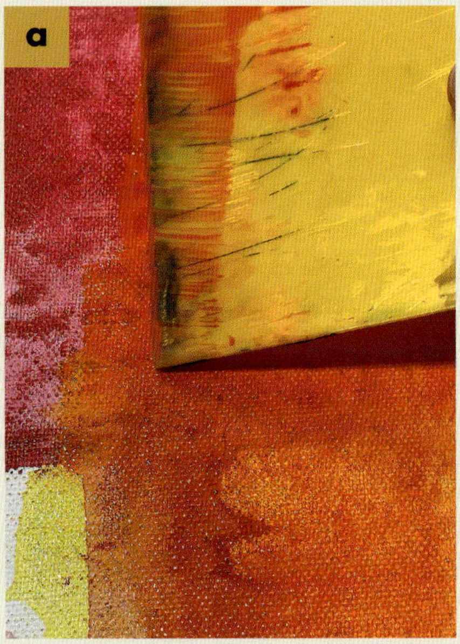

a

2

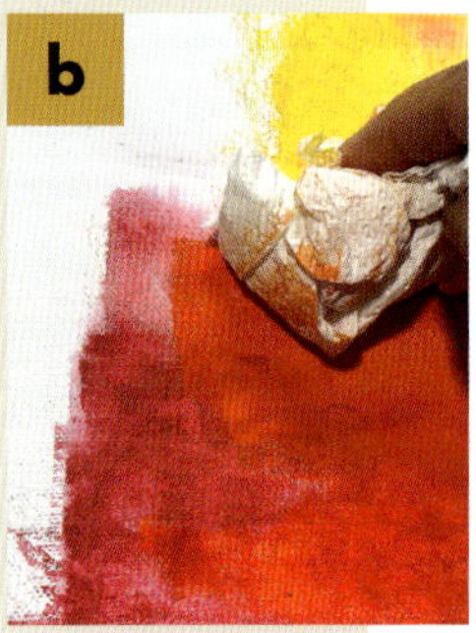

b

LOS GEHT´S!

1 Befeuchte deine beiden Leinwände leicht mit Wasser aus der Sprühflasche. Gib dann jeweils einen kleinen Klecks Magenta, das du mit Wasser oder Acrylbinder stark verdünnt hast, auf deine beiden Malgründe. Verstreiche jeweils die Farbe mit der Kunststoffspachtel möglichst transparent und lass es trocknen.

Setze auf beiden Leinwänden einen mit Wasser verdünnten Klecks Gelb in die unmittelbare Nähe deines bläulichen Rottons. Verstreiche die Farbe mit der Spachtel abermals sehr dünn, auch in das Magenta hinein. Da, wo du die beiden Farbschichten übereinander verstreichst, entsteht optisch die Farbe Orange.

2a Bei der Lasurtechnik ist es wichtig, die einzelnen Farbschichten immer gut trocknen zu lassen. Mische dir ein wenig Orange und verteile es mit der Kunststoffspachtel ungefähr auf die Schnittmenge der Farben Magenta und Gelb. So kannst du das Orange, das durch die Lasurtechnik im letzen Schritt entstanden ist, intensivieren und erweitern.

2b Tupfe partiell das Orange mit einem Baumwolltuch oder einer Küchenrolle wieder ab. So entstehen interessante Effekte. Teilweise ist das Orange sehr durchscheinend, und man kann die untere Schicht Magenta oder Gelb sehr gut sehen. In anderen Teilen des Bildes ist es weniger transparent, dann kann man die untere Schicht Farbe nur schwach erkennen. Du kannst auch teilweise nur den Rand von dem Orange stehen lassen, also mittig fast die ganze Farbe wegnehmen.

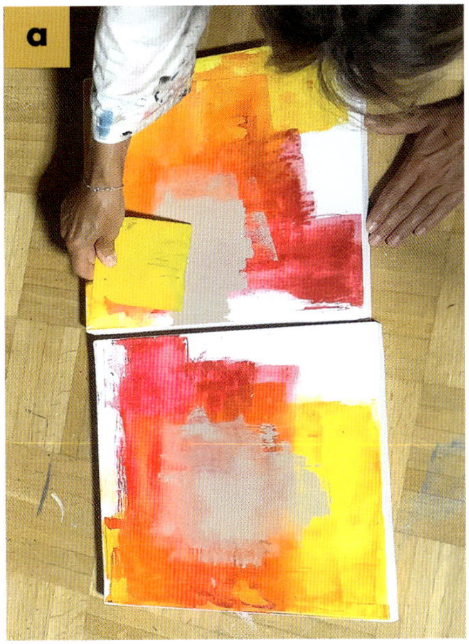

3

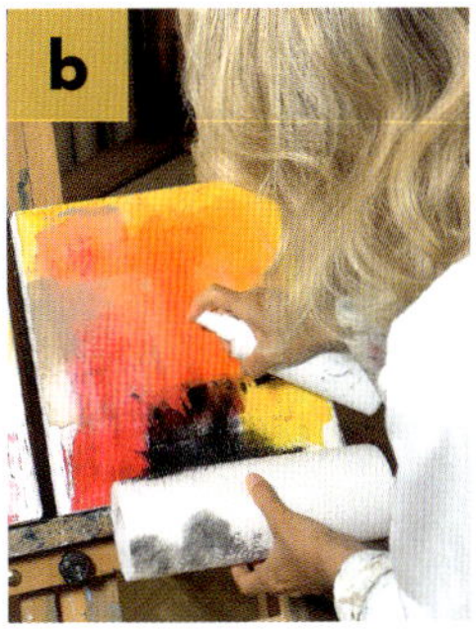

3a Lass die Leinwände wieder trocknen. Besprühe sie dann leicht mit Wasser und gib eine kleine Menge Warm Grey auf diese. Verteile die Farbe mit der Kunststoffspachtel. Je mehr Weißanteil eine Farbe hat, desto deckender ist diese. Warm Grey wäre deshalb für die Lasurtechnik weniger geeignet.

3b Du erzielst eindrucksvolle Effekte, indem du nun das Warm Grey leicht mit Wasser aus dem Wasserzerstäuber besprühst, kurz abwartest und dann teilweise die Farbe, am besten mit einem Baumwolltuch, wieder abnimmst. Deine Gemälde ziert nun nur noch ein Hauch von Warm Grey. Danach müssen die Bilder wieder trocknen. Gib dann an die unteren Bilderränder jeweils einen Klecks Schwarz und Van-Dyck-Braun und besprühe diese mit Wasser. Die Farben mischen sich dadurch. Lass sie laufen. Halte am besten eine Küchenrolle unter deine Gemälde, um deinen Boden zu schützen. Tupfe dann das Schwarz und das Braun in den Bildern wieder ab. So entstehen erneut großartige Effekte.

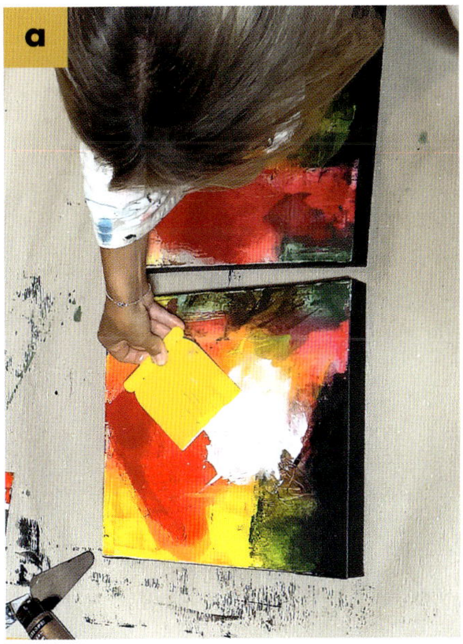

4

4 Die Gemälde müssen abermals trocken sein. Befeuchte deine Leinwände leicht mit Wasser und gib einen Klecks Weiß ungefähr mittig auf beide Bilder. Nun verstreiche das Weiß mit deiner Kunststoffspachtel. Übe dabei Druck auf die Spachtel aus, damit du das Weiß möglichst dünn verstreichen kannst. Nimm dein Baumwolltuch und tupfe die unbunte Farbe teilweise wieder ab. Es entstehen interessante Muster bzw. Umrisse. Die unteren Farbschichten sind dadurch wieder sichtbar, scheinen partiell durch oder werden abgedeckt. Nun hast du ein spannendes Bilderpaar geschaffen, das alle Blicke auf sich ziehen wird.

MOONSTRUCK

Auf diesem Bild erzähle ich mit vielen geometrischen Formen und kleinen Details eine Geschichte. Diese handelt von der menschlichen Einsamkeit, von der Sehnsucht nach Geborgenheit und von der besonderen Anziehungskraft des Vollmondes. Als ich das Bild angefertigt habe, habe ich mich gefragt, ob alle Menschen, die den Vollmond betrachten, die gleichen Emotionen bewegen. Mir gibt dieser faszinierende Erdtrabant das Gefühl, ein Teil des Universums zu sein, und er lässt meine menschlichen Alltagssorgen fast banal erscheinen.

DAS BRAUCHST DU

WERKZEUGE:	Malmesser, Metallspachtel, breiter Synthetikpinsel, Sprühflasche mit Wasser, Kamm
STIFTE:	weißer und schwarzer Acrylstift, weißer und schwarzer Kohlestift
ACRYLFARBEN:	Warm Grey, Weiß, Schwarz matt, Blauviolett matt
LEINWAND:	60 x 80 cm
WEITERE MATERIALIEN:	Baumwolltuch, kleiner Kochtopf

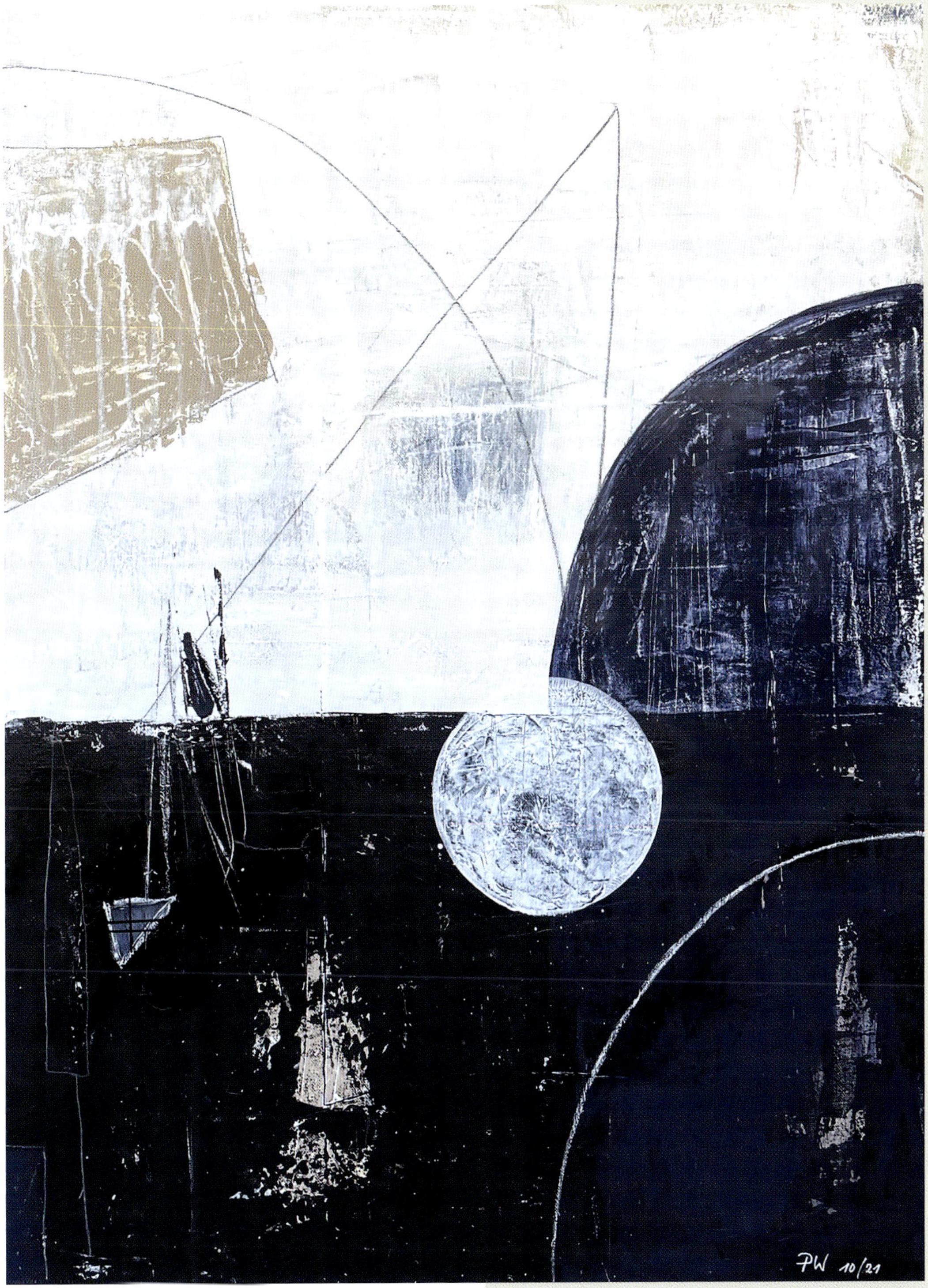
PW 10/21

1

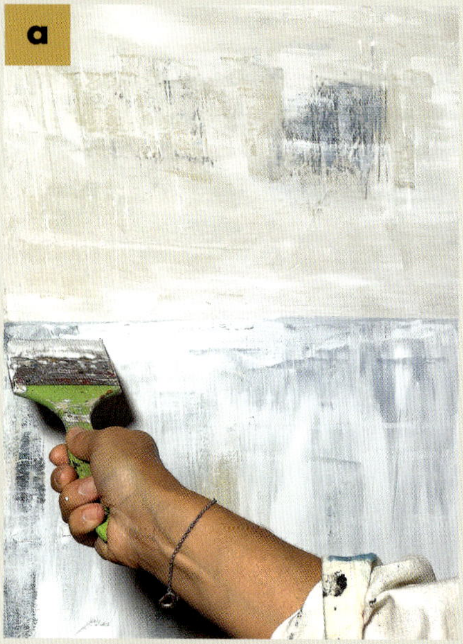

a

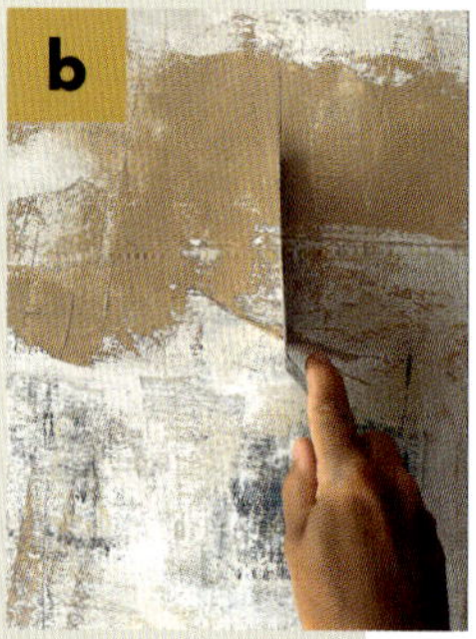

b

LOS GEHT´S!

1a Zunächst habe ich ein altes Bild, das mir nicht mehr gefallen hat, mit Weiß übermalt. Ich kann dir nur empfehlen, das auch zu machen. Das Übermalen hat eine reinigende Wirkung und wird dir richtig guttun. Du kannst das ruhig ganz unordentlich machen. Es ist auch nicht schlimm, wenn man das alte Bild noch etwas erkennen kann. So sparst du Farbe, und dein Bild wird interessanter.

1b Nimm das warme Grau oder einen Beigeton und verstreiche mit der Metallspachtel die Farbe über den gesamten Malgrund. Wenn du eine neue Leinwand nutzt, kannst du mit diesem Schritt sofort beginnen. Lass ein paar weiße Flächen stehen. Ziehe immer mal Linien in die Farbe. Hab einfach Spaß!

2

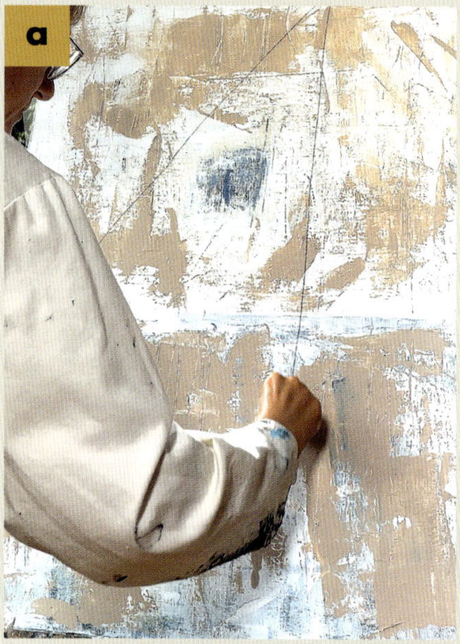

a

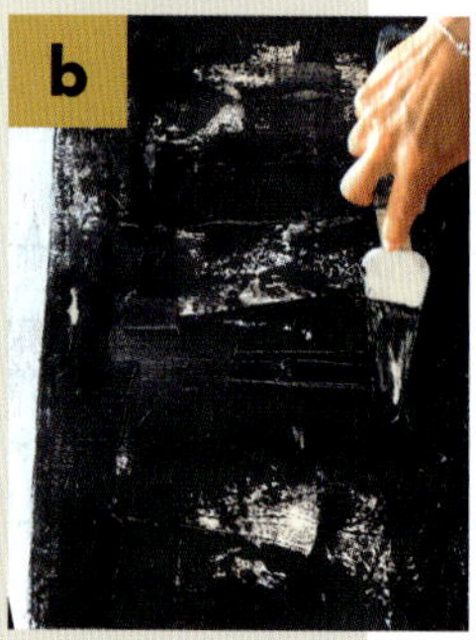

b

2a Nimm einen schwarzen Kohlestift und zeichne Muster und Formen. Teile deine Leinwand auf. Überlege dir, wie du dein Gemälde aufbauen willst. Gefällt dir die Anordnung der Formen? Willst du mit deinem Bild eine Geschichte erzählen? Bei diesem Schritt sortierst du deine Gedanken und Gefühle. Diese Schicht wird später wieder übermalt.

2b Verstreiche im unteren Drittel des Goldenen Schnitts mit der Metallspachtel schwarze Farbe. Lass ein paar Stellen frei und ziehe immer mal Furchen mit einem Kamm. Verteile die weiße Farbe in den oberen zwei Dritteln auf die gleiche Weise. Lass links eine geometrische Form über den Rand hinaus frei. Diese bleibt also beige. Lass dann alles trocknen.

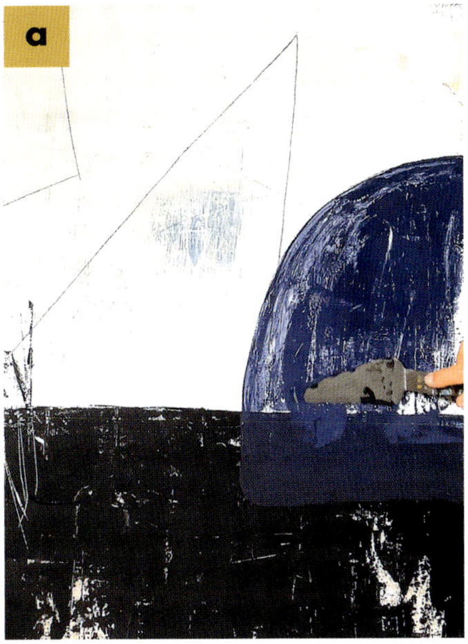

a

3

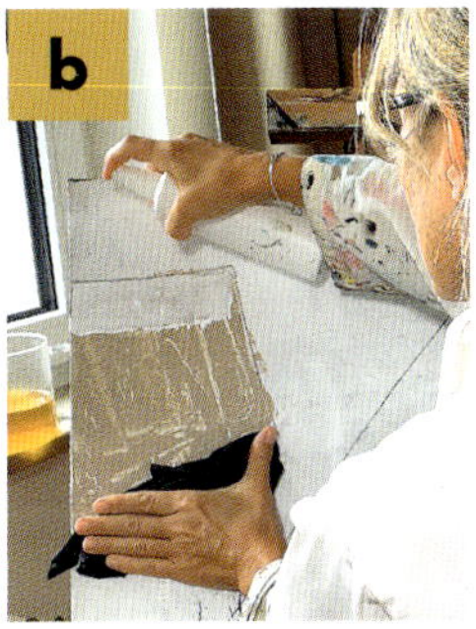

b

3a Zeichne die Muster, die du dir überlegt hast, mit dem Kohlestift auf. Du kannst dir hier gerne eigene Formen überlegen oder meine nachzeichnen. Fülle die rechte Form mit Blauviolett. Male dabei auch über den schwarzen Bereich. Andere Formen können vom Schwarz verschluckt werden.

3b Die geometrische Form oben links bestreichst du im oberen Bereich mit einem weißen Pinselstrich, den du dann mit Wasser besprühst und anschließend die Farbe laufen lässt. Fange mit einem Tuch das laufende Wasser unterhalb der Form auf.

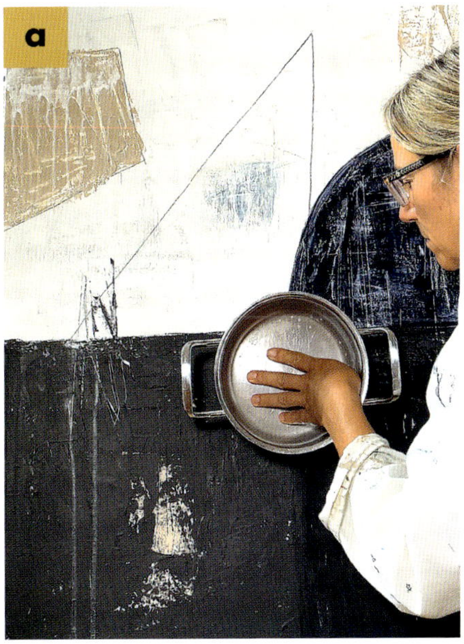

a

4

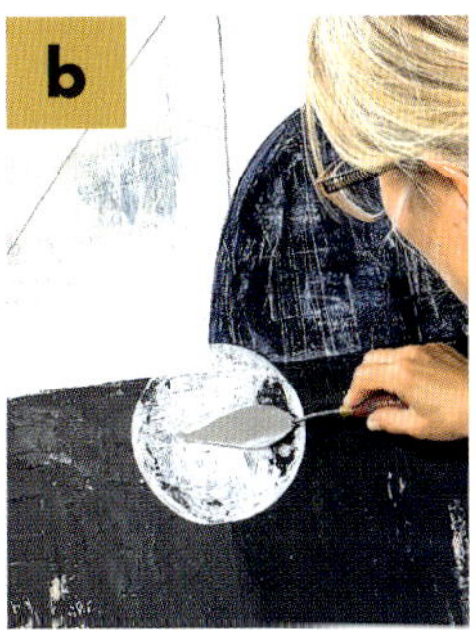

b

4a Jetzt stempelst du deinen Mond mit einem kleinen Topf, dessen Boden du mit weißer Farbe bemalt hast. Drücke ihn fest auf die Leinwand. Beachte den Goldenen Schnitt und setze den Hauptakzent des Bildes in die Nähe des Harmoniepunktes im unteren Bereich des Gemäldes.

4b Hat das Stempeln nicht ganz geklappt, fülle die weiße Fläche noch mit dem Malmesser aus. Der Himmelskörper hat dunklere und hellere Stellen. Dies ist leicht mit dem Malmesser nachzuahmen. Trage an manchen Stellen mehr Farbe auf und an anderen weniger. Fahre zum Schluss noch deine mit Kohlestift vorgezeichneten Formen mit den Acrylstiften nach, und fertig ist dein Kunstwerk.

IL CIELO

Ich beobachte sehr gerne den Himmel. Die vorüberziehenden, immer wieder ihre Gestalt verändernden Wolken fesseln dann meist meinen Blick. Wie banal fühlen sich da die Sorgen und Nöte in unserem eigenen kleinen Kosmos an. Beim Gemälde „IL CIELO“ habe ich den Himmel abstrakt auf meine Art und Weise wiedergegeben. Durch die Fensterwischertechnik und die vielen Farbschichten wirkt das Bild sehr lebendig und plastisch. Verschiedene Farbkontraste verleihen dem Bild einen starken Ausdruck. Die dynamischen weißen Linien symbolisieren den kraftvollen Wolkenzug. Die Kreise stehen für den Himmel und metaphysische Fragen.

DAS BRAUCHST DU

WERKZEUGE:	Fensterwischer, große, runde Kuchenbackform, Wassersprühflasche mit Wasser
ÖLPASTELLE:	Blau, Weiß, Schwarz
ACRYLFARBEN:	Weiß, Van-Dyck-Braun, Umbra Natur, Coelinblau, Preußischblau, Titane Écru, Schwarz
ACRYLLACK:	weiß
LEINWAND:	100 x 70 cm

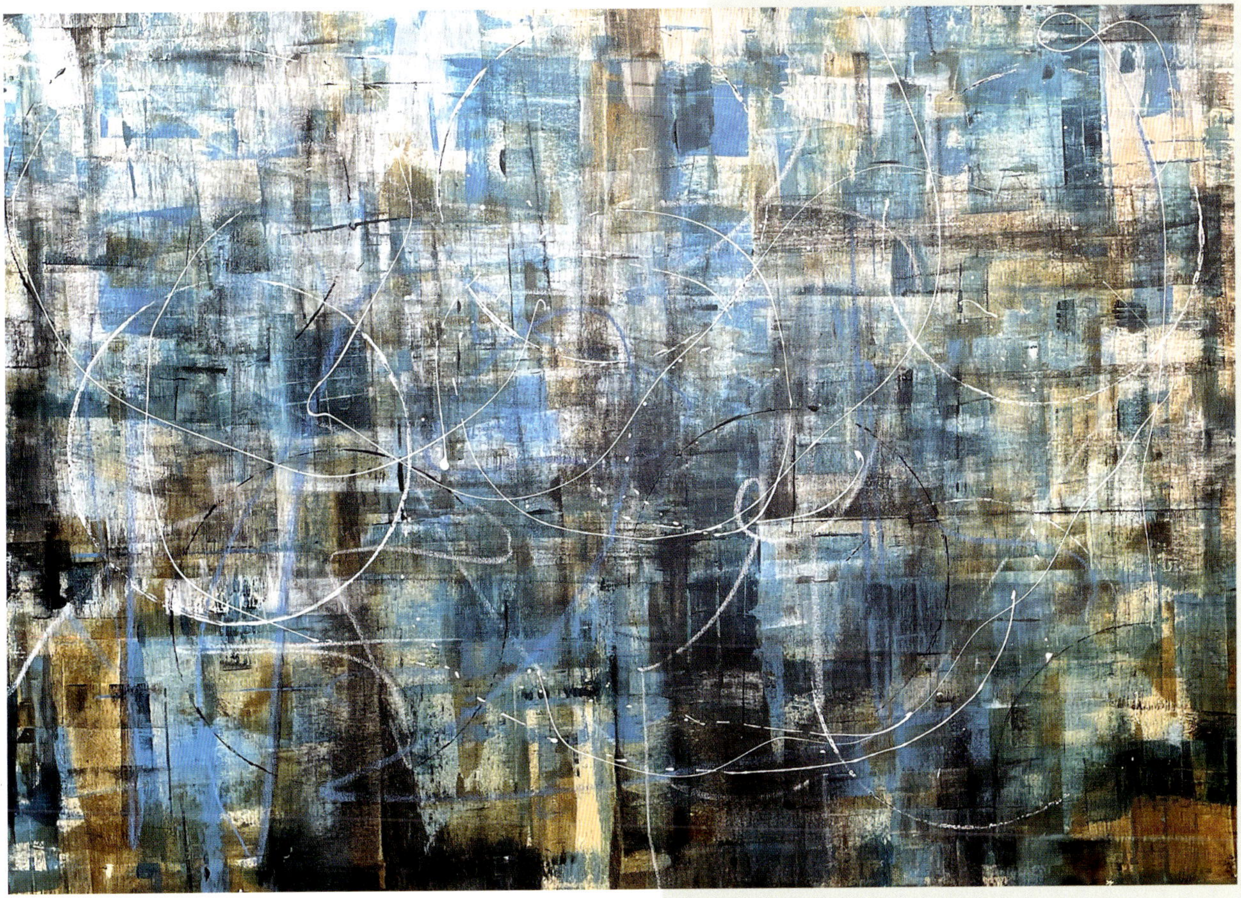

LOS GEHT´S!

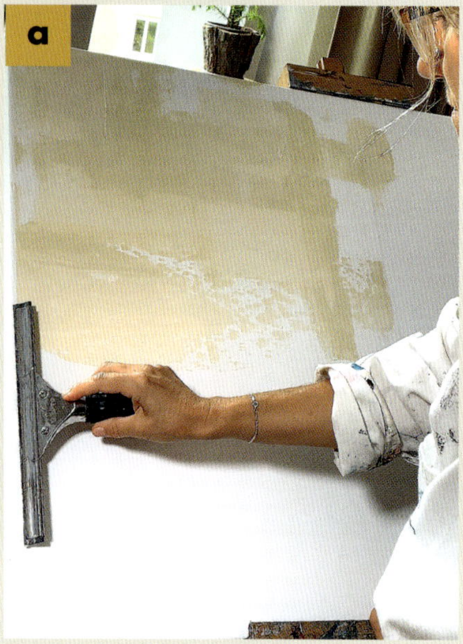

1

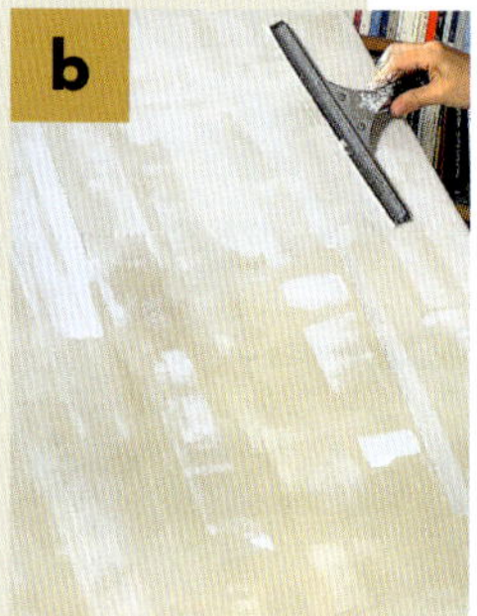

1a Befeuchte zuallererst deine Leinwand mit Wasser aus dem Wasserzerstäuber. Dann nimm deinen Fensterwischer und verstreiche die Farbe Titane Écru von links nach rechts und von oben nach unten. Du musst nicht ordentlich arbeiten. Das ist die erste Schicht, und wir bauen uns sukzessive mit jeder weiteren Schicht eine schöne Tiefe im Bild auf.

1b Nun mische noch Weiß nass in nass dazu. Beachte dabei den Goldenen Schnitt und bemale die oberen zwei Drittel heller als das untere Drittel der Leinwand.

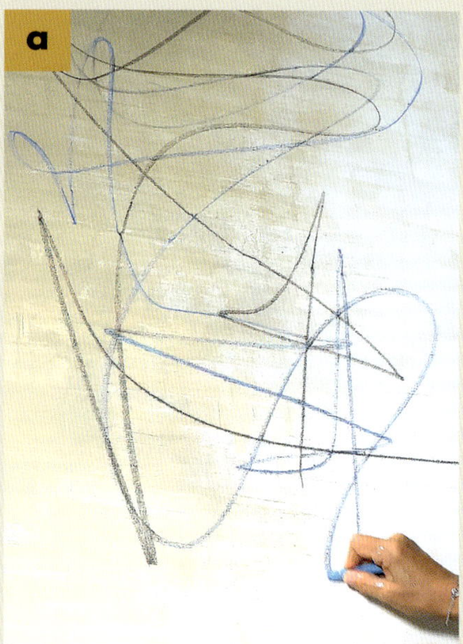

2

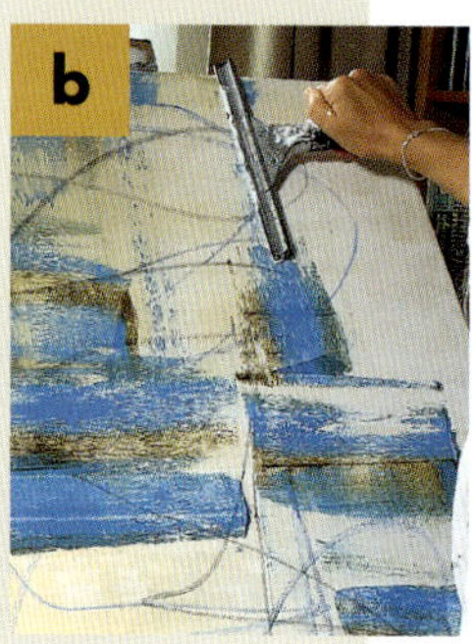

2a Lass die Farben auf der Leinwand trocknen. Male dann mit deinen schwarzen und blauen Ölpastellfarben schöne dynamische Linien bzw. Schwünge.

2b Besprühe deine Leinwand mit ein wenig Wasser aus dem Zerstäuber. Gib einen Klecks Umbra Natur und Coelinblau direkt nebeneinander auf den Malgrund und verziehe beide Farben zusammen mit dem Fensterwischer erst nach links und dann nach unten. Du kannst auch die Farben von rechts und dann nach unten verteilen. Mir geht es um die geometrischen Muster, d.h. kleine Rechtecke, die bei dieser Technik entstehen. Du musst also die Farben immer nur kurz verstreichen und dann deinen Fensterwischer wieder absetzen. Um weitere Linien in dem Bild zu kreieren, kannst du die Kante deines Fensterwischers auch mit Farbe bestreichen und diese dann auf dein Gemälde „stempeln". Durch diese Technik wirkt dein Kunstwerk plastisch und ausdrucksstark.

3

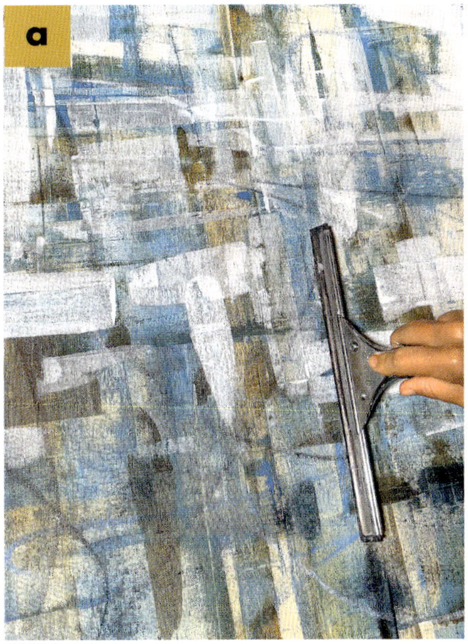

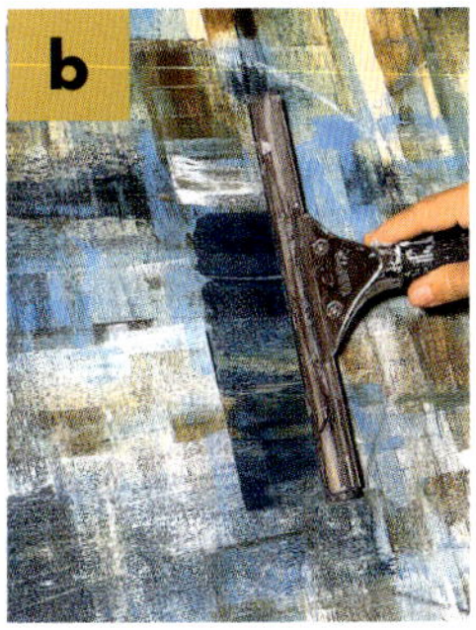

3a Sobald dein Bild trocken ist, befeuchtest du es wieder leicht mit Wasser aus dem Zerstäuber. Es folgt nun eine Schicht Weiß mit der Fensterwischertechnik. Beim Verteilen bitte größere, möglichst regelmäßige Abstände einhalten, damit die unteren Farbschichten gut zu sehen sind. Denke bitte daran, dass du ungefähr zwei Drittel des Bildes heller gestaltest.

3b Nun lässt du das Weiß erst mal trocknen und machst weiter mit dem Dunkelblau, das du sehr sparsam in größerer Entfernung voneinander mit dem Fensterwischer verstreichst.

4

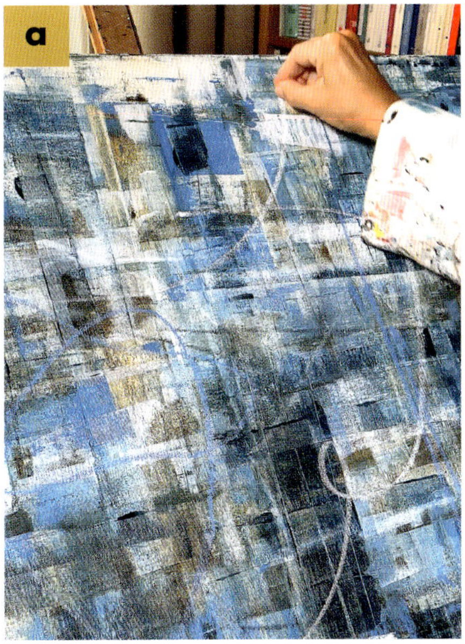

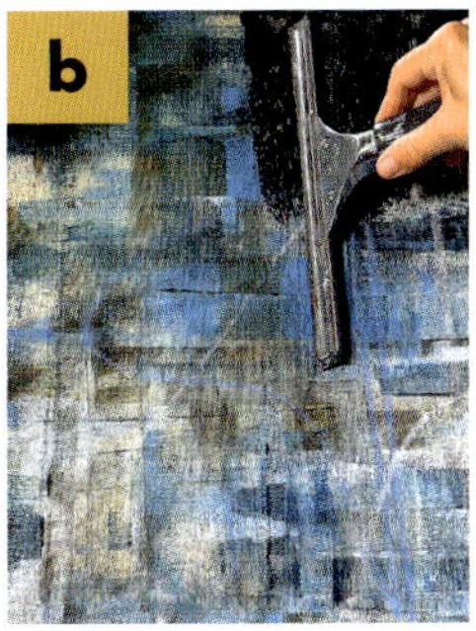

4a Dein Gemälde muss wieder trocken sein. Nimm deine weiße Ölpastellfarbe und male kraftvolle und lebendige Linien. Male einfach drauflos und denke dabei nicht darüber nach, wo du mit der Linie anfangen sollst.

4b Nun wendest du dich deinem dunkleren Drittel zu. Gib an die äußeren Ränder kleine Kleckse mit Schwarz. Diese verstreichst du dann wieder mit deinem Fensterwischer. Wenn es dir zu dunkel wird, das war bei mir so, helle den Bereich deines Bildes wieder etwas mit Umbra Natur und der Fensterwischertechnik auf. Zum Schluss tröpfelst du noch ein wenig weißen Acryllack über das gesamte Bild und stempelst ein paar weiße Kreise mit Hilfe einer runden Backform auf dein Gemälde.

INTUITION

Während der Erstellung dieses Kunstwerks habe ich bewusst auf meine Intuition vertraut. Anstatt einem detaillierten Plan zu folgen, ließ ich meine Hand frei über die Leinwand gleiten und erlaubte der Farbe, ihren eigenen Weg zu finden. Jeder Pinselstrich wurde zum spontanen Ausdruck meiner Emotionen und meiner kreativen Vision in dem Moment. Meine Intuition ist eine kraftvolle Quelle der Inspiration und Kreativität. Sie führte mich zu unerwarteten Kombinationen von Farben und Formen. Mein Gemälde „INTUITION" lädt dazu ein, den Verstand ruhen zu lassen und sich auf die Reise der inneren Wahrnehmung einzulassen.

DAS BRAUCHST DU

WERKZEUGE:	Fensterwischer, Wassersprühflasche mit Wasser, Schwammpinsel
STIFTE:	weiße und schwarze Acrylstifte
ACRYLFARBEN:	Weiß, Hellbraun, Schwarz, Titane Écru, Green Grey
LEINWAND:	60 x 80 cm

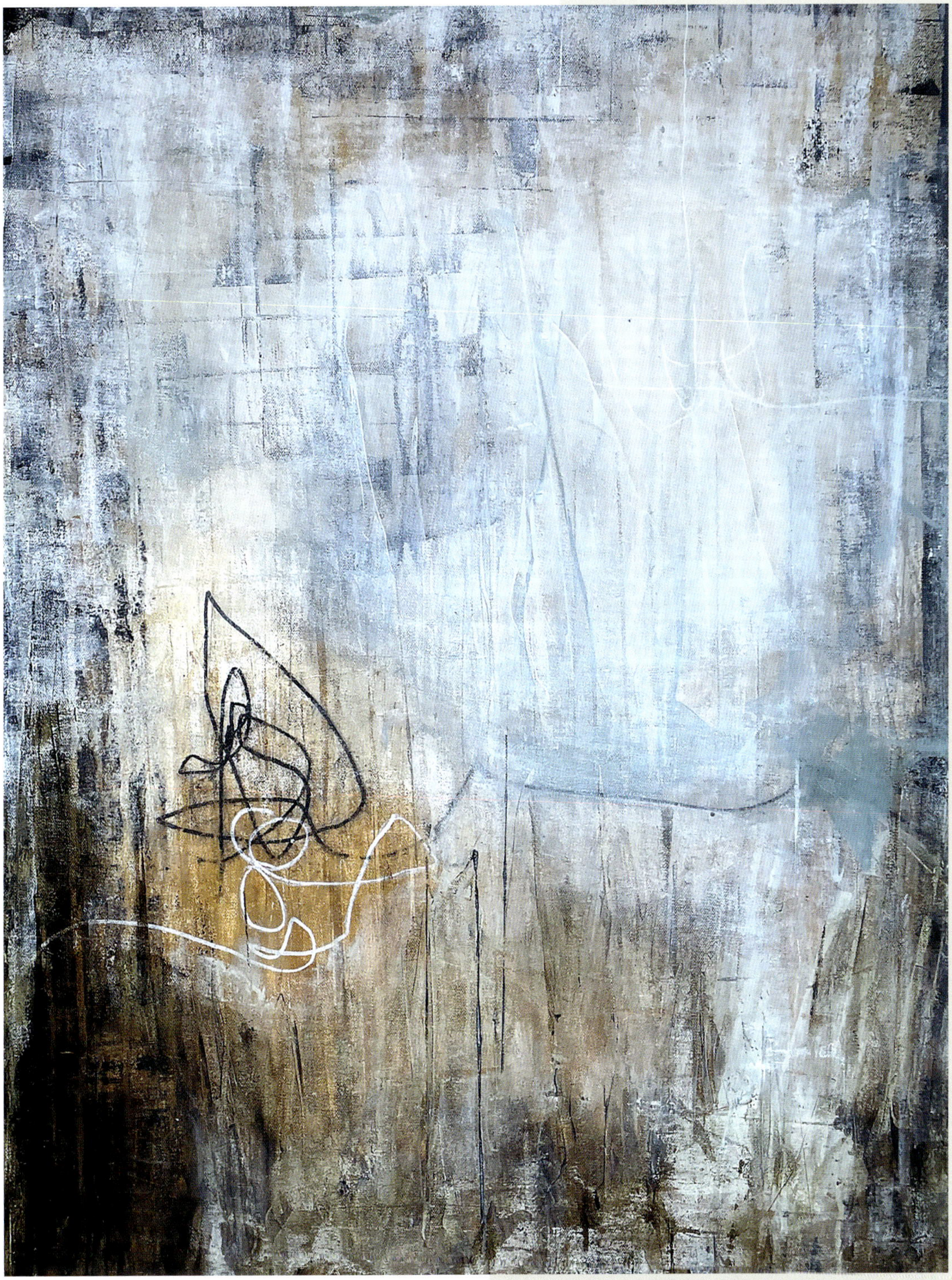

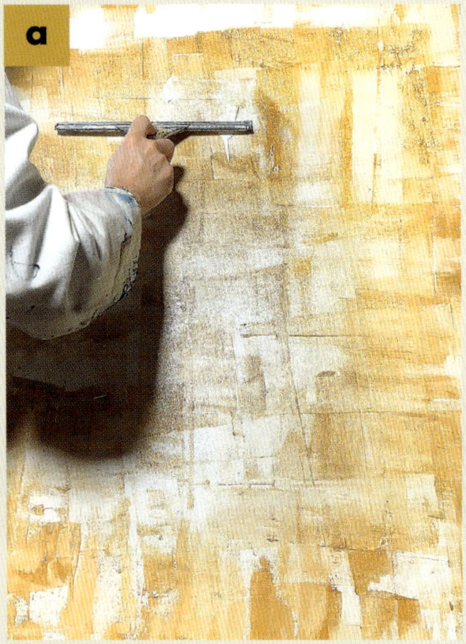

a

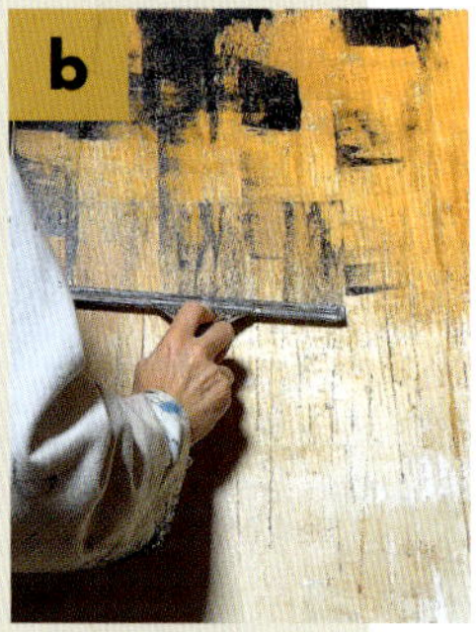

b

1

LOS GEHT´S!

1a Gib für die erste Schicht Titane Écru und Weiß auf die befeuchtete Leinwand und verziehe die Farben mit dem Fensterwischer in kurzen Abständen von links nach rechts und von oben nach unten. Nach dem Trocknen kommt als zweite Schicht ein Hellbraun auf die erneut angefeuchtete Leinwand. Kreiere wieder ein Muster mit dem Fensterwischer und lass es trocknen. Nun helle die oberen zwei Drittel des Gemäldes mit Titane Écru auf. Das untere Drittel gestaltest du mit dem Braun dunkler. Beachte den Goldenen Schnitt.

1b Nach dem Trocknen befeuchtest du erneut die Leinwand und gibst ein wenig Schwarz auf den äußeren Rand deines Bildes. Rahme dein Bild mit dieser unbunten Farbe ein. Verteile auch ein bisschen Schwarz in den oberen zwei Dritteln des Bildes zur Mitte hin.

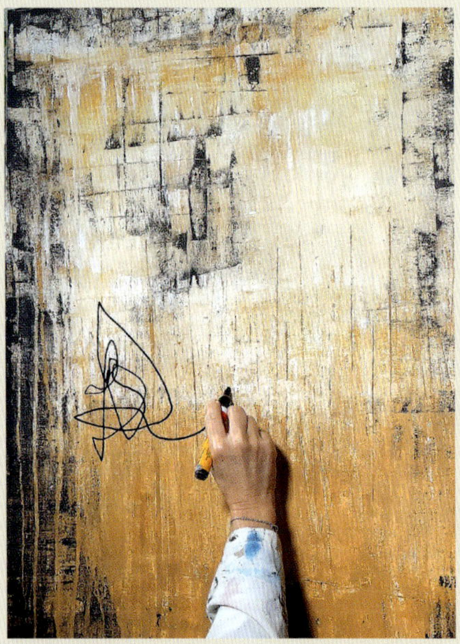

2

2 Besprühe nach dem Trocknen deine Leinwand mit Wasser und verteile mit dem Fensterwischer einen Klecks Weiß in den oberen zwei Dritteln des Bildes. Diese Schicht soll fast transparent aufgetragen werden. Danach kommt der Acrylstift zum Einsatz. Male ungefähr auf der Harmonielinie des Goldenen Schnitts ein schönes Muster, zunächst mit einem weißen und darüber noch einmal mit einem schwarzen Acrylstift. Lass dich ganz von deiner Intuition leiten. Sollten dir deine Muster nicht gefallen, kannst du diese mit einem feuchten Tuch direkt wieder abwischen und es noch einmal versuchen. Aber Vorsicht: Ist die Acrylfarbe erst einmal trocken, ist sie wasserfest und nicht mehr abwischbar.

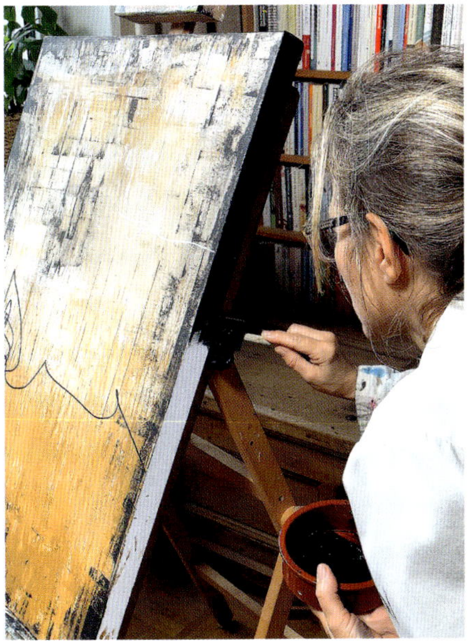

3

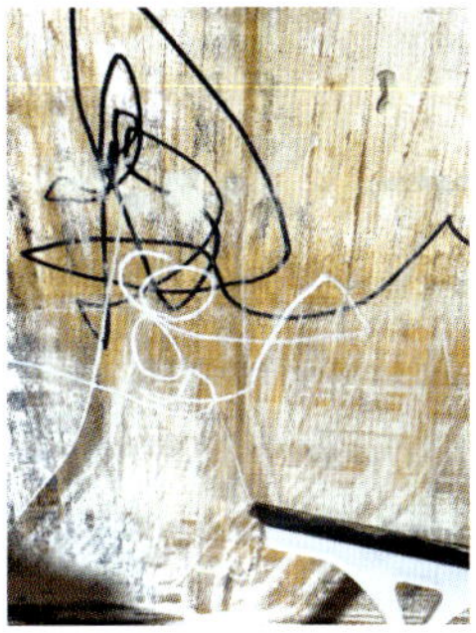

3 Die Seitenränder deiner Leinwand kannst du einfach und sauber mit einem Schwammpinsel und einer Farbe deiner Wahl bemalen. Ich habe mich hier für Schwarz entschieden. Nachdem die Farben auf deinem Bild gut abgetrocknet sind, befeuchte die Leinwand wieder mit deiner Wassersprühflasche und gib einen Klecks Titane Écru auf das untere Drittel deines Bildes. Verteile diesen ganz transparent mit dem Fensterwischer und nimm die Farbe teilweise mit deinem Tuch ab. Achte darauf, dass dein zuvor mit den Acrylstiften gemaltes Muster immer noch gut zu erkennen ist und nicht komplett übermalt wird.

4 Befeuchte deine Leinwand in den oberen zwei Dritteln leicht mit Wasser. Trage in diesem Bereich ganz wenig Weiß und doppelt so viel Green Grey auf. Nun nimm den Fensterwischer und verteile die Farben möglichst transparent, also mit viel Wasser. Zu viel Farbe nimmst du mit einem Tuch ab. Mische das Green Grey vorsichtig über das Weiß. So erhältst du ein sehr helles Green Grey, das nach unten deutlich dunkler wird. Du solltest aber noch durch die Farben hindurchsehen können.

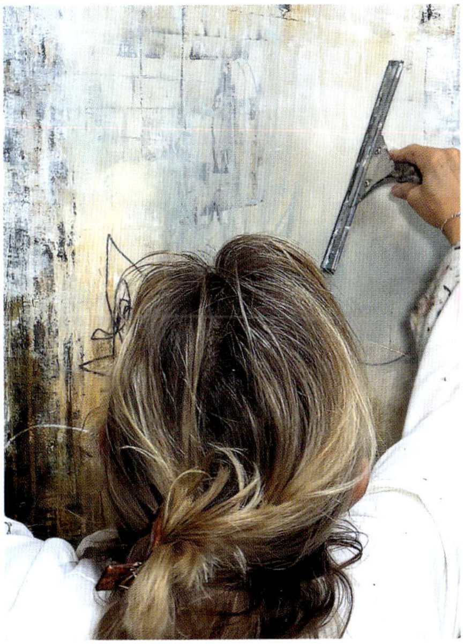

4

Petras Tipp

Wichtig ist, dass du dich während des gesamten Malprozesses von deiner Intuition führen lässt, denn genau darum geht es bei diesem Kunstwerk. Ich bin mir sicher, du wirst so ein wunderschönes Gemälde kreieren.

PLEASURE

Dieses Gemälde mag ich besonders gerne. Es hat auf den Betrachtenden eine beruhigende und harmonische Ausstrahlung. Inspiriert dazu hat mich das wunderbare Gefühl von Vergnügen. Um Emotionen auf die Leinwand zu bringen, ist die Wahl der Farben von großer Bedeutung. Für den warmen Glanz sorgt Gold, ein Symbol für Harmonie und Licht. Die mit der Kuchenform gestempelten Kreise stehen als Symbol für das vollkommene Gefühl. Einige Bereiche des Bildes sind vergoldet. Wilde Schwünge mit den Ölpastellen und die Hell-Dunkel-Kontraste geben dem Bild Lebendigkeit.

DAS BRAUCHST DU

WERKZEUGE:	Wassersprühflasche mit Wasser, Kamm, Fensterwischer, Kuchenbackform, Abtropfsieb, dicker Borstenpinsel
ÖLPASTELLE:	Schwarz, Weiß und Goldocker
ACRYLFARBEN:	Warm Grey, Goldocker, Titane Écru, Mittleres Braun, Weiß, Schwarz, Primärblau, Orange, Raw Sienna
LEINWAND:	100 x 80 cm
WEITERE MATERIALIEN:	Baumwolltuch

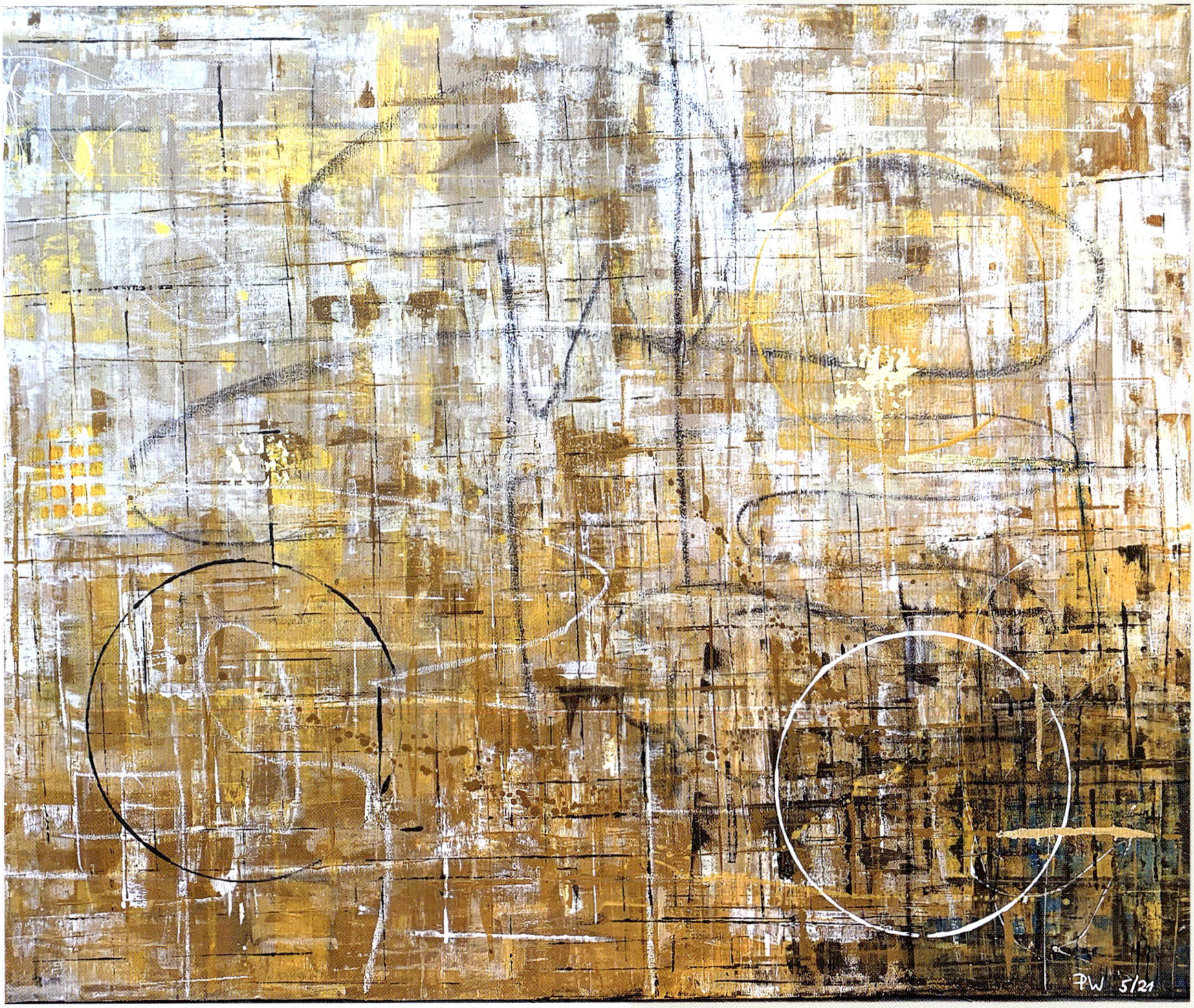
PW 5/21

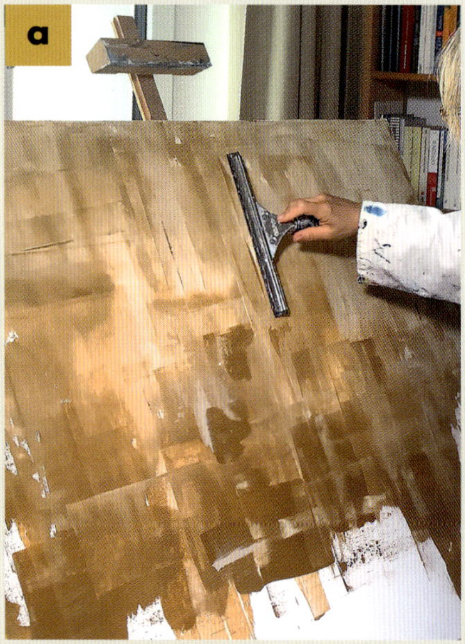

1

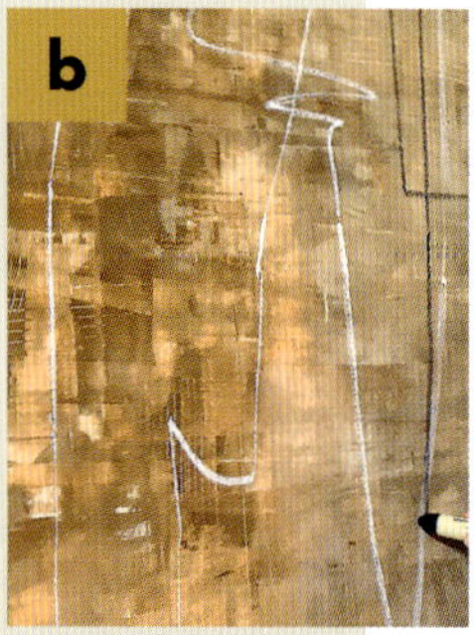

LOS GEHT´S!

1a Feuchte deine Leinwand leicht mit Wasser an. Nimm deinen Fensterwischer und verstreiche die Farben Raw Sienna, Warm Grey und Titane Écru ineinander, indem du das Werkzeug von links nach rechts und von oben nach unten ziehst. Das gibt ein interessantes Muster. Teile dir deinen Malgrund nach dem Prinzip des Goldenen Schnitts auf: Ein Drittel des Bildes soll dunkler sein, hier verwendest du mehr Raw Sienna. Die oberen zwei Drittel des Bildes sollen heller sein, dazu verwendest du mehr Warm Grey und Titane Écru. Bitte nun die Schichten trocknen lassen.

1b Nimm danach deine schwarze und weiße Ölpastelle und male Schwünge oder andere Muster auf deine Leinwand. Falls dir eine Form nicht gefällt, kannst du sie mit den Acrylfarben wieder abdecken.

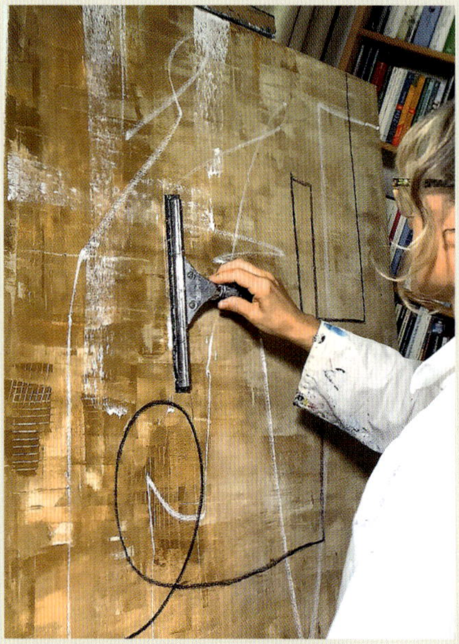

2

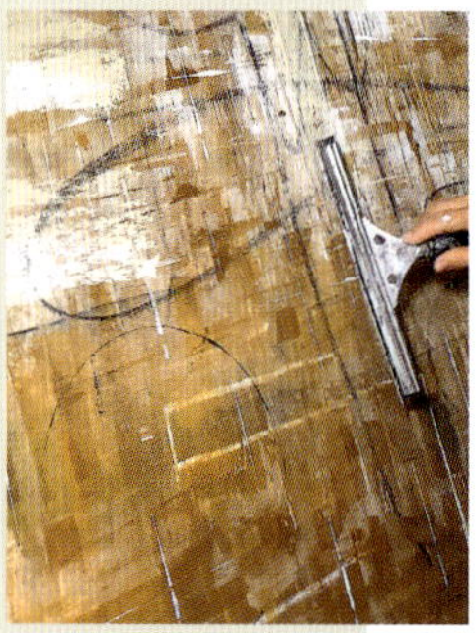

2 Besprühe dein Bild leicht mit Wasser und ziehe mit dem Fensterwischer ein bisschen Weiß in bestimmten Bereichen wieder von links nach rechts und dann von oben nach unten. Die Farbe lässt du nun wieder trocknen, und anschließend befeuchtest du die Leinwand leicht. Verteile dann nochmals mit dem Fensterwischer die Farben Warm Grey, Titane Écru und Raw Sienna mit der bereits beschriebenen Technik. Nimm deinen Kamm und ziehe Furchen in die nasse Farbe. Somit erhältst du ein bisschen Struktur.

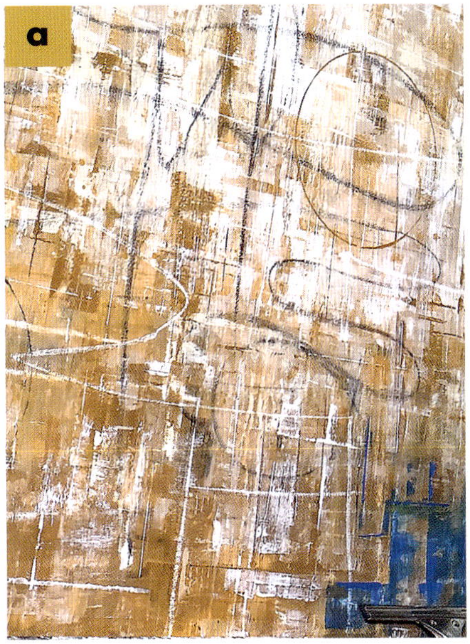

3

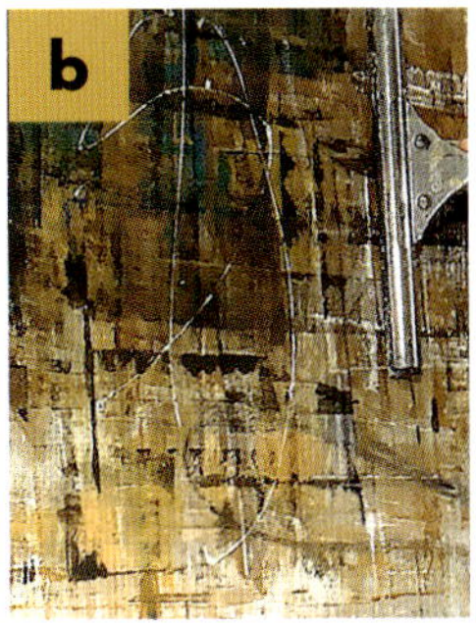

3a Gib, nachdem dein Gemälde getrocknet ist, in die rechte untere Ecke in deinem Bild Schwarz und Primärblau und verteile diese mit der Fensterwischertechnik. Anschließend lässt du die Farben trocknen.

3b Dann bestreichst du die Gummilippe deines Fensterwischers mit Raw Sienna und Weiß und stempelst damit gleichmäßig senkrechte und waagrechte Linien auf die gesamte Leinwand. Danach stempelst du noch wenige schwarze Linien auf dein Bild und lässt alles trocknen. Anschließend kannst du mit deinen schwarzen, weißen und jetzt auch goldockerfarbenen Ölpastellen noch einmal Schwünge malen, wenn deine vorherigen Muster zu sehr abgedeckt wurden.

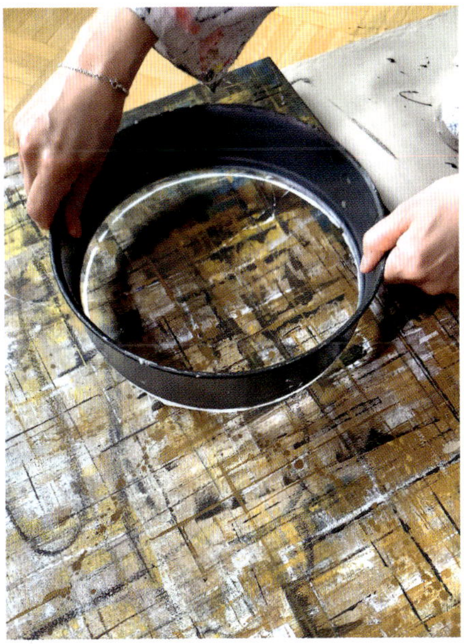

4

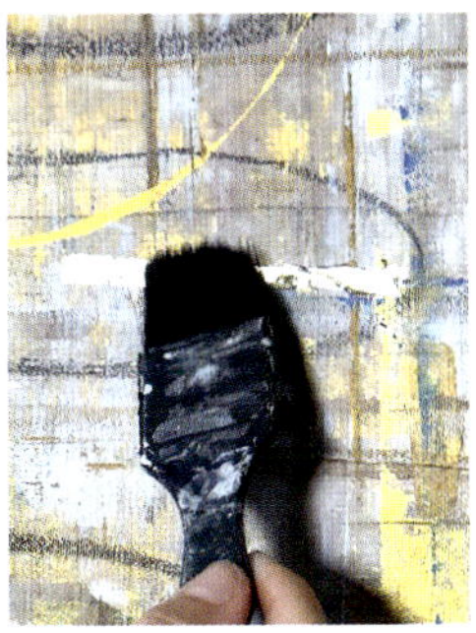

4 Nimm ein Abtropfsieb und lege es ungefähr auf die Mitte ganz links in deinem Gemälde. Streiche ein wenig Orange darüber. So entsteht ein schönes Muster. Dann bestreiche den unteren Rand der Kuchenform mit Weiß und stemple den Kreis auf die Leinwand rechts unten auf den dunkelsten Bereich in deinem Bild. Es entsteht ein sehr starker Hell-Dunkel-Kontrast. Streiche danach Schwarz auf deine Form und stemple den Kreis links unten. Dasselbe machst du noch mit Gold rechts oben im Bild. Zum Abschluss vergoldest du ein paar Bereiche in deinem Bild. Vergolde z. B. rechts unten zwei Linien.

DEEP

Der Wald: ein wunderbarer Ort, um Ruhe zu finden und zu sich zu kommen. Wenn ich in einem Wald spazieren gehe, fühle ich mich geborgen. Die Bäume geben mir Kraft. Mein Gemälde zeigt meine Emotionen bei einem Waldspaziergang ganz früh am Morgen. Die Stimmung ist mystisch. Der Nebel ist noch dicht. Die Dunkelheit überragt das Licht. Die verschiedenen Grüntöne des Waldes habe ich in mehreren Schichten gestisch aufgetragen. Jeder Pinselstrich ließ die grüne Landschaft lebendig werden. Ich öffnete mein Herz und ließ meine Intuition die Führung übernehmen, während ich den Tanz der Farben tanzte.

DAS BRAUCHST DU

WERKZEUGE:	dickerer Borstenpinsel, Fensterwischer, Wassersprühflasche mit Wasser
ÖLPASTELLE:	Weiß, Grün und Orange
ACRYLFARBEN:	Hellblau, Green Grey, Goldocker, Schwarz, Van-Dyck-Braun, Zinkweiß, Titane Écru, Olivgrün
LEINWAND:	80 x 100 cm
WEITERE MATERIALIEN:	ein Stück Stoff, Luftpolsterfolie

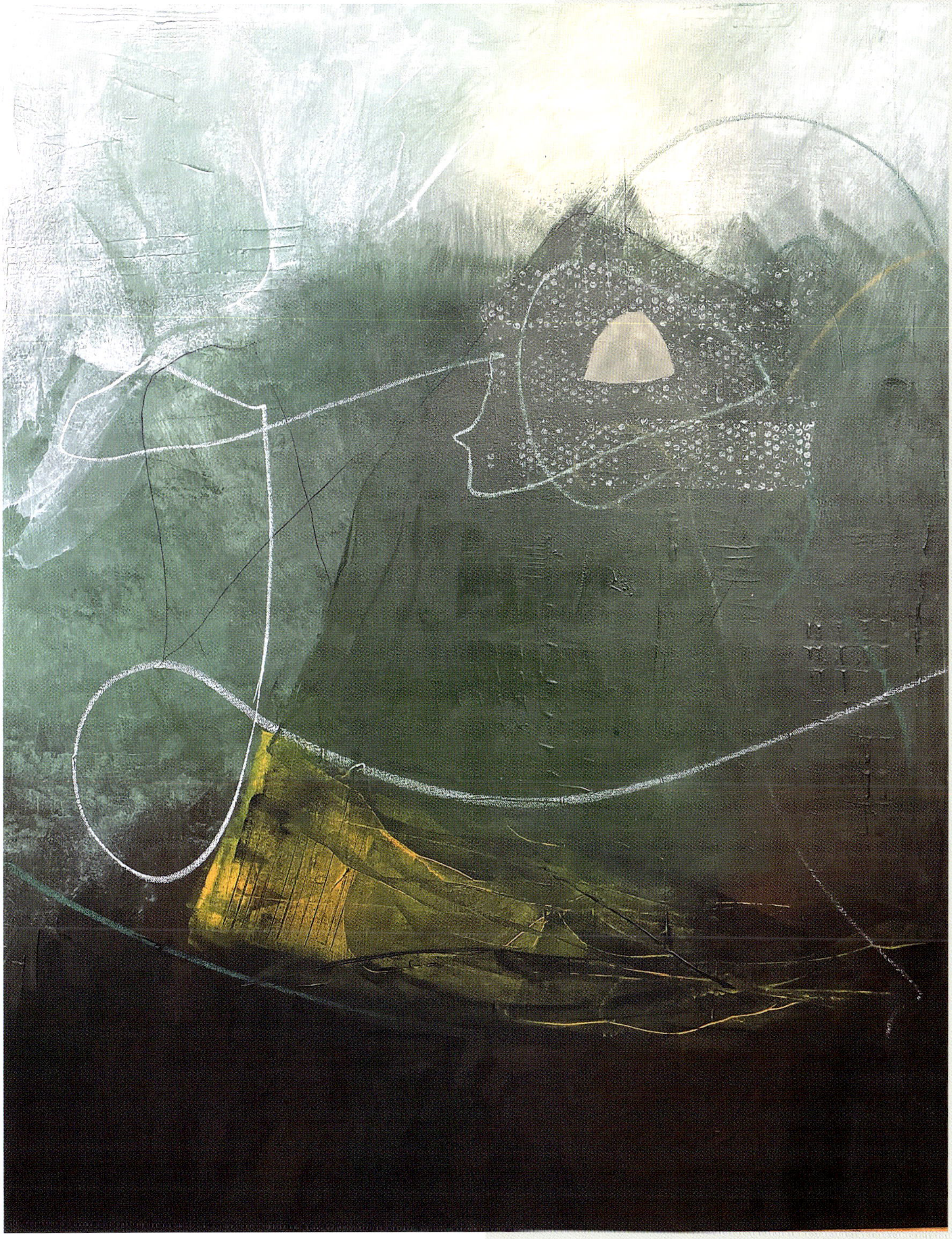

1

a

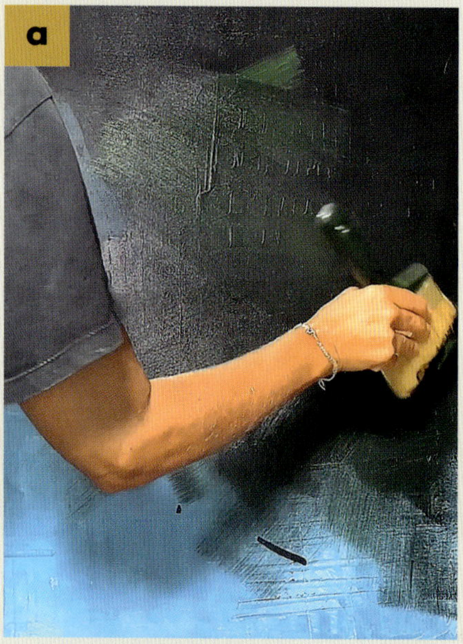

b

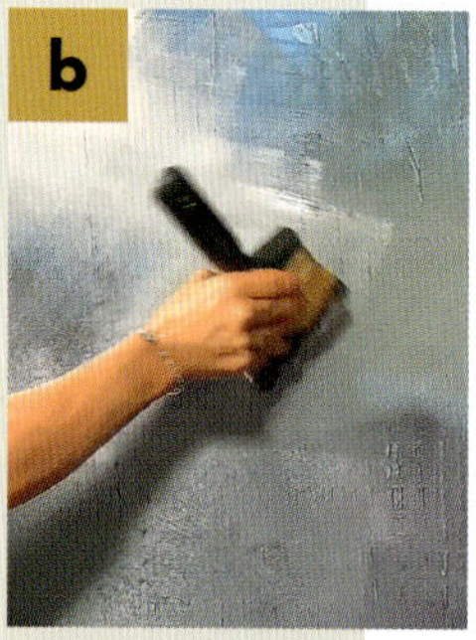

2

a

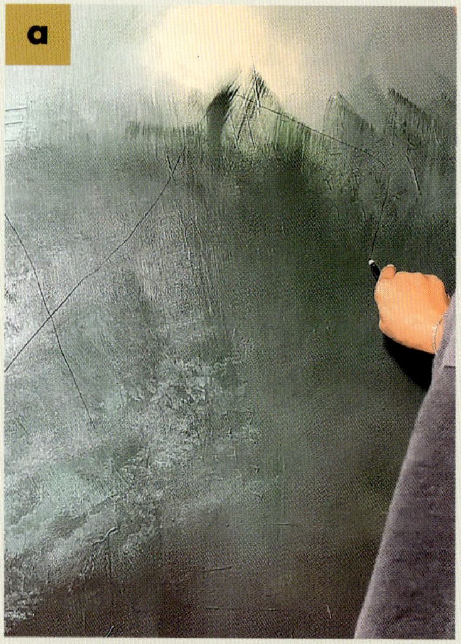

b

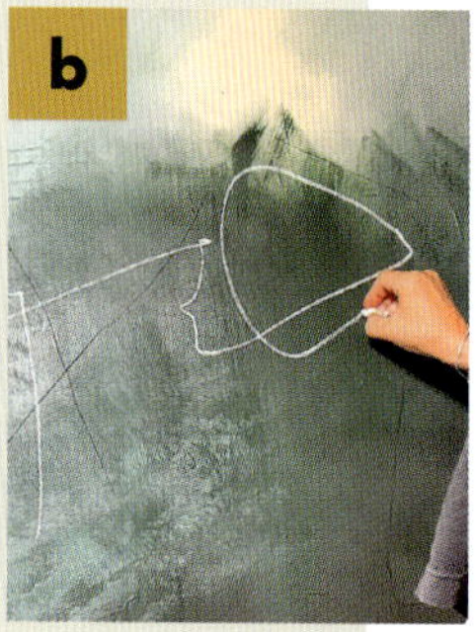

LOS GEHT´S!

1a Grundiere dein Bild mit einem hellen Blau. Der Farbauftrag muss nicht ordentlich sein. Wenn das Blau getrocknet ist, bemale das untere Drittel des Gemäldes mit Schwarz. Ich habe dazu die Leinwand auf den Kopf gestellt. Gib zur Mitte des Malgrundes hin ein dunkles Olivgrün auf die Leinwand und lass danach die Farben trocknen.

1b Vermische Green Grey mit Acrylbinder oder Wasser und bemale die oberen zwei Drittel der Leinwand damit. Lass alles trocknen. Nun nimm das Zinkweiß für den Nebel und verteile es transparent im oberen Drittel des Bildes. Nimm Farbüberschüsse mit einem Baumwolltuch ab. Das Green Grey sollte noch zu sehen sein. Wenn alles getrocknet ist, trägst du Titane Écru im oberen rechten Bereich transparent auf. Achte auf die Übergänge. Diese sollten ganz weich sein, also lass die Farbe ganz zart in das Green Grey auslaufen. Das geht sehr gut mit dem trockenen Borstenpinsel und ganz wenig von dem Titane Écru.

2a Jetzt male die dunkleren Bäume rechts mittig bis zum Licht. Nimm dafür das dunkle Olivgrün und trage die Farbe ganz frei mit einem großen trockenen Borstenpinsel in ausladenden Zickzackbewegungen im rechten mittleren Bereich der Leinwand auf. Verwende wenig Farbe und lass danach alles trocknen.

2b Nun kannst du deine Ölpastelle nehmen und deinen Gefühlen freien Lauf lassen. Male auch mit einem Kohlestift Muster in deinen Wald. Wenn du möchtest, kannst du vorher auf einem Stück Papier bestimmte Muster, Schwünge etc. ausprobieren.

3

a

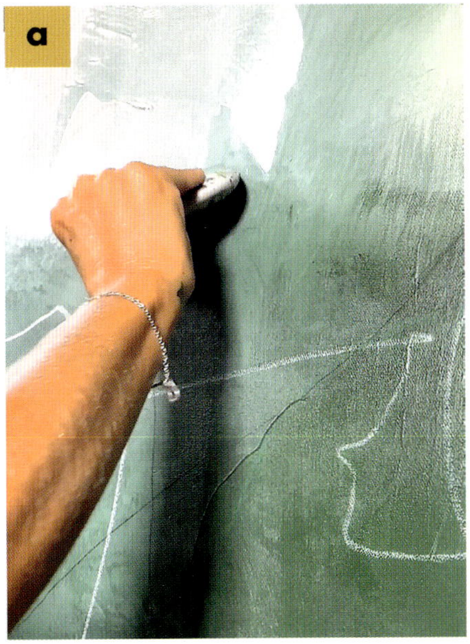

b

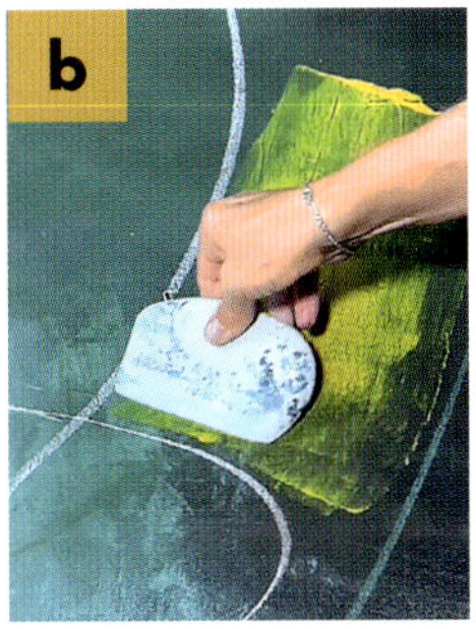

3a Besprühe die Leinwand im oberen Drittel mit Wasser aus der Sprühflasche. Gib dann Zinkweiß auf deine Silikonspachtel und kreiere noch einmal Nebelschleier. Bleibe transparent und tupfe ein Zuviel an Farbe ab. Lass das Gemälde wieder trocknen.

3b Das Goldocker habe ich mit der Silikonspachtel am Boden des Waldes aufgetragen. Besprühe, bevor du mit der Spachtel arbeitest, die Leinwand mit Wasser. Und danach lässt du das Bild wieder vollständig trocknen.

4

a

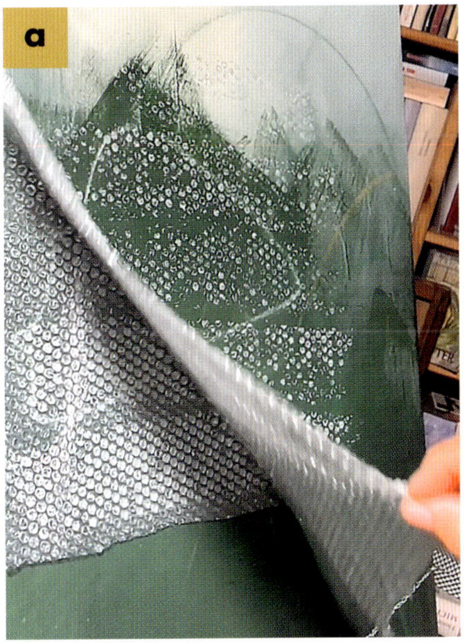

b

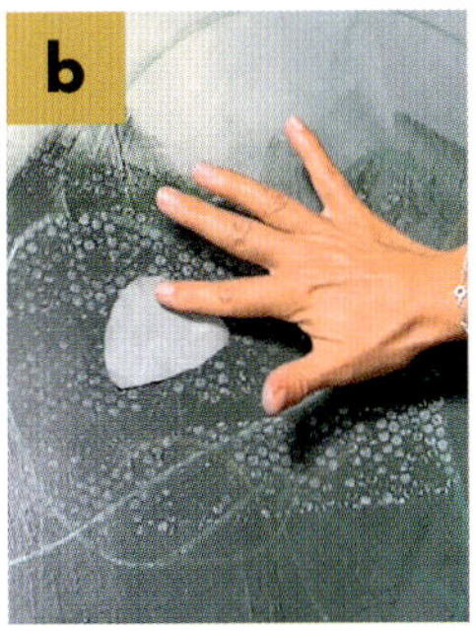

4a Nimm nun ein Stück alte Luftpolsterfolie und bestreiche diese mit der Farbe Green Grey. Ich habe hierbei nicht die ganze Folie mit Farbe bestrichen, sondern immer wieder ein paar Stellen ausgelassen. Hier kannst du also auch wieder experimentieren. Was für ein Muster möchtest du stempeln?

4b Das Muster, das durch die Luftpolsterfolie entstanden ist, nun bitte wieder trocknen lassen. Anschließend kannst du das kleine Stück Stoff mit Acrylbinder auf einen Harmoniepunkt kleben.

Petras Tipp

Vertraue generell darauf, dass dir dein Bild am Ende gefallen wird. Manchmal dauert es ein wenig länger ..., aber dein Bild wird entstehen!

WATER LILLY

Bei diesem Bild hat mich ein Foto von einer Seerose inspiriert. Eine wunderschöne Blume auf einem grünen Teich. Auf den ersten Blick habe ich hier ein sehr harmonisches und ausgeglichenes Bild geschaffen. Die Seerose liegt auf einem Harmoniepunkt des Goldenen Schnitts. Die Farbe Grün wirkt beruhigend und entspannend. Betrachtet man aber die abstrakte Blume genauer, erkennt man, dass die Seerose gar nicht ruhig ist, sondern sich wild auf dem Wasser hin- und herbewegt. Sie wirkt lebendig und kraftvoll. Geht es uns nicht allen manchmal so? Nach außen wirkt alles geordnet und harmonisch, obwohl es in uns brodelt …

DAS BRAUCHST DU

WERKZEUGE:	Fensterwischer, breiter, flacher Borstenpinsel, Wassersprühflasche mit Wasser, Teigausroller aus Holz, dickerer Rundpinsel, Kunststoffspachtel
ÖLPASTELLE:	Weiß, Grün, Braun
STIFTE:	weißer Kohlestift
ACRYLFARBEN:	Olivgrün dunkel, Dunkelrot, Raw Umber, Schwarz, Green Grey, Weiß, Titane Écru
LEINWAND:	80 x 60 cm
WEITERE MATERIALIEN:	goldenes Schlagmetall mit Anlegemilch, Baumwolltuch

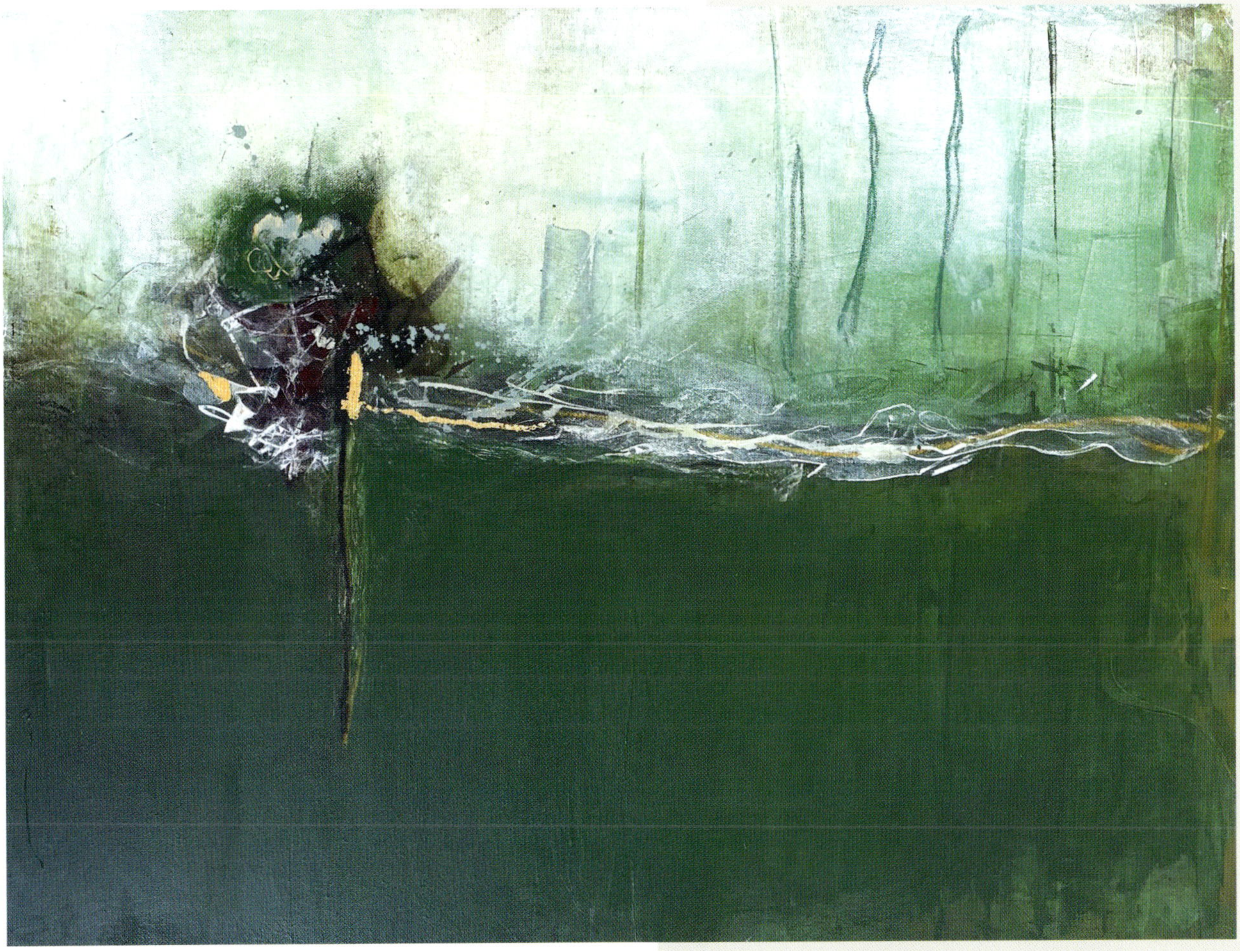

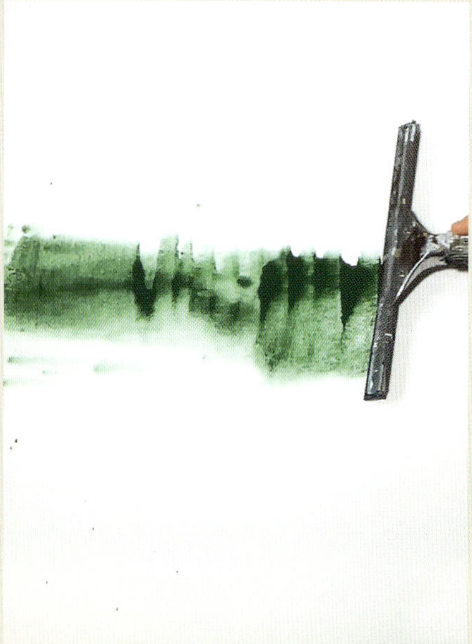

1

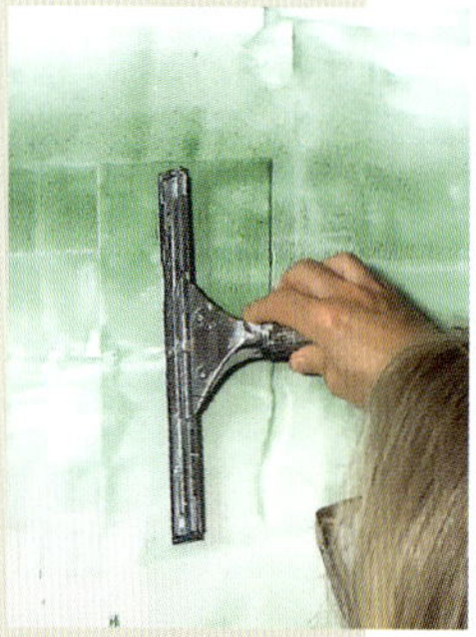

LOS GEHT´S!

1 Bei diesem Bild arbeitest du viel mit dem Fensterwischer. Wichtig ist, dass der Malgrund feucht ist, bevor du die Farbe auf diesen gibst. Verwende dazu die Wassersprühflasche. Nun trägst du ein dunkles Olivgrün auf die Leinwand auf und verteilst dieses. Das macht richtig Spaß. Experimentiere bitte und probiere vieles aus. Ziehe Muster und gib immer mal Farbe und/oder Wasser dazu.

a

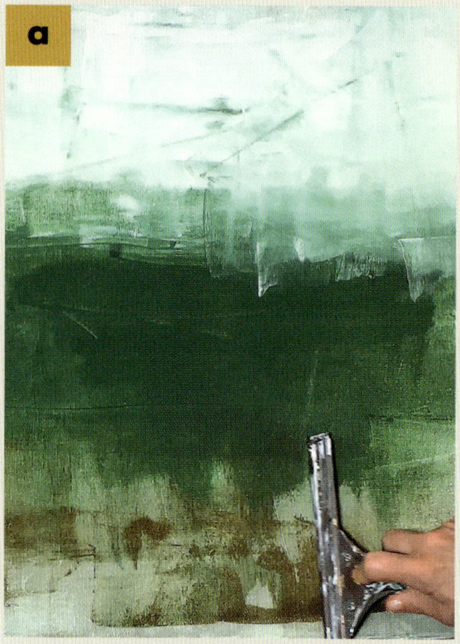

2

b

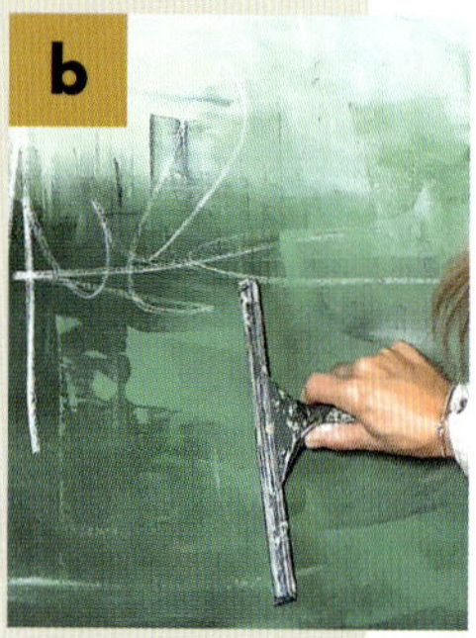

2a Nun wird das Bild aufgeteilt: Auf das obere Drittel gibst du die Farben Titane Écru und Weiß und verteilst diese mit dem Fensterwischer. Die beiden Farben mischst du direkt auf der Leinwand. Sprühe immer mal mit der Wassersprühflasche Wasser auf die Farben. Natürlich kannst du zwischendurch auch mal mit dem Borstenpinsel arbeiten. Sei kreativ und frei. Die unteren zwei Drittel werden dunkel. Verteile mit dem Fensterwischer das Olivgrün. Mische auf das unterste Drittel noch das Raw Umber hinzu. Sei bitte ganz frei beim Verteilen der Farben. Wichtig ist nur, dass das obere Drittel hell ist und die unteren Drittel dunkel sind.

2b Nun male auf die obere Schnittachse des Goldenen Schnitts mit einer weißen Ölpastellfarbe so etwas wie eine Herzschlaglinie bei einem EKG. Wenn dein Bild im unteren Bereich zu dunkel ist, dann helle es mit Weiß, das du in das Olivgrün mischst, wieder ein wenig auf.

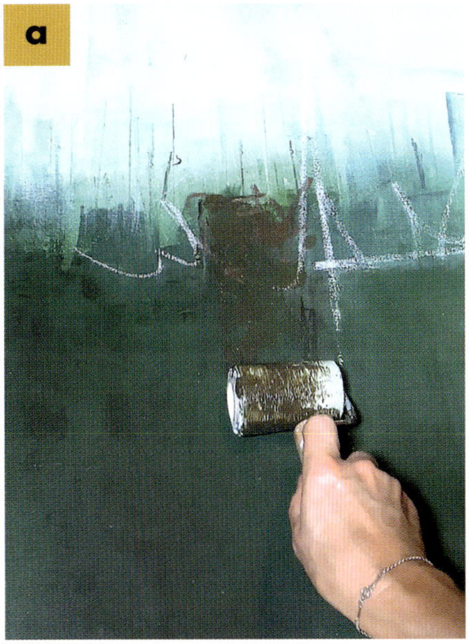

a

3

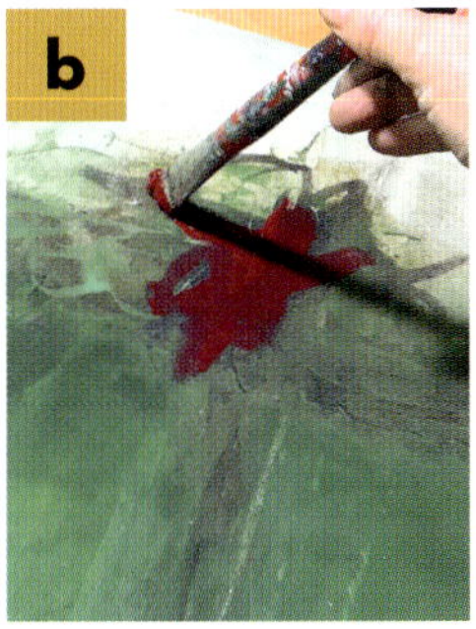

b

3a Jetzt konzentrierst du dich auf die Seerose. Es ist schöner, wenn der Hauptakzent nicht genau auf dem Harmoniepunkt, sondern ein wenig versetzt liegt. Verwende zuerst Raw Umber und Schwarz. Das Braun trägst du mit einer Kunststoffspachtel und einem Teigausroller auf. Mit dem Rundpinsel ziehst du dann auf das Braun schwarze Linien. Diese geben der Rose die Form. Bitte bleibe abstrakt.

3b Trage Dunkelrot mit dem Rundpinsel auf und male ganz frei eine Seerose.

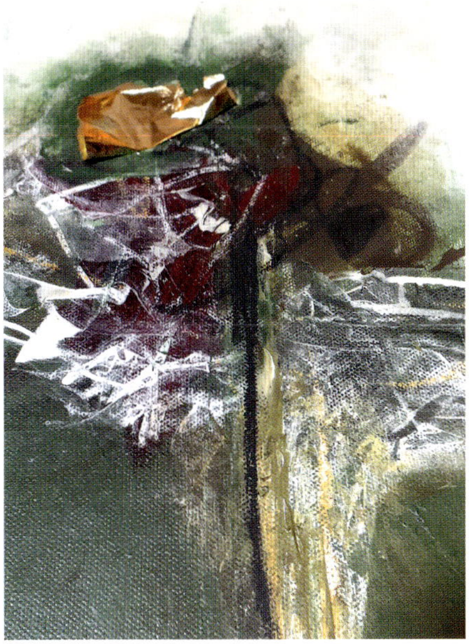

4

4 Nimm dann deine braunen, grünen und weißen Ölpastellfarben und male auf das Rot kleine Muster. Lass das Bild trocknen. Befeuchte deine Seerose mit der Wassersprühflasche und gib einen kleinen Kecks Weiß auf diese. Verteile mit dem Fensterwischer die Farbe. Die Rose soll einen transparenten, weißen Schimmer haben. Nimm zu viel aufgetragene Farbe mit einem Tuch wieder ab. Nun zeichne mit einem weißen Kohlestift wilde Linien in die Seerose. Versetze dich in die Blume. Sei wild, frei und kraftvoll! Gib nun noch ein wenig Grün auf die Rose und tupfe die Farbe wieder teilweise ab. Mische einen Klecks Green Grey mit viel Wasser, sodass die Farbe sehr flüssig ist. Nun nimm mit deinem dicken Rundpinsel die Farbe auf und bespritze deine Blume mit einer kühnen Bewegung. Zum Schluss kommt der Clou: Verziere deine Blume mit ein wenig Gold. Das macht deine Seerose perfekt.

EMPATHY

Dieses Bild habe ich nach einem Urlaub in der Toskana angefertigt. Hier hat mich eine sehr alte Stadt in den Bergen inspiriert. Ich fühlte mich so wohl an diesem Ort. Ich wollte diese ganz besondere Atmosphäre und meine positiven Eindrücke auf die Leinwand bringen. Und wenn ich mir das Bild heute ansehe, kommen diese schönen Emotionen und Erinnerungen sofort wieder in mir hoch. Beim Malen hatte ich die Stadt deutlich vor meinem geistigen Auge und habe mir genau überlegt, wie es mir gelingen würde, diese Stadt abstrakt wiederzugeben.

DAS BRAUCHST DU

WERKZEUGE:	Abtropfsieb, große Kuchenbackform, Fensterwischer, Wassersprühflasche mit Wasser, Borstenpinsel (Größe 10)
ÖLPASTELLE:	Schwarz, Weiß
ACRYLFARBEN:	Van-Dyck-Braun, Umbra Natur, Weiß, Schwarz, Warm Grey, Titane Écru, Orange, Raw Umber
LEINWAND:	100 x 80 cm

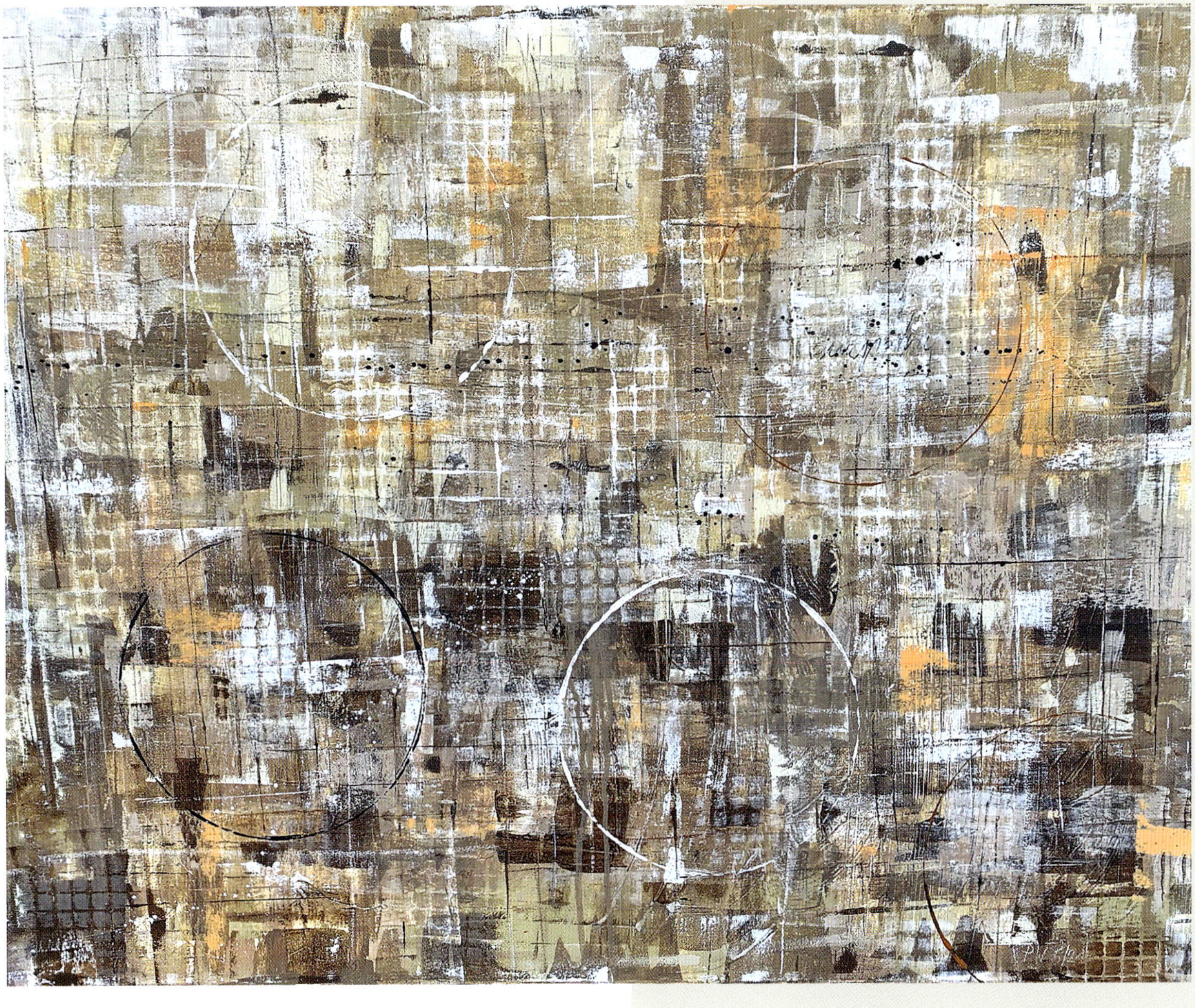

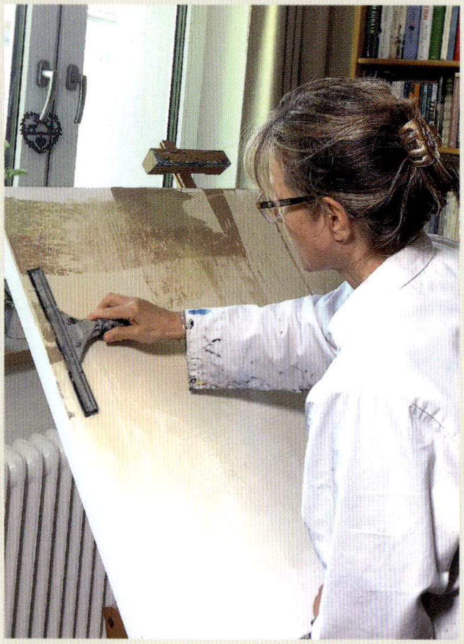

1

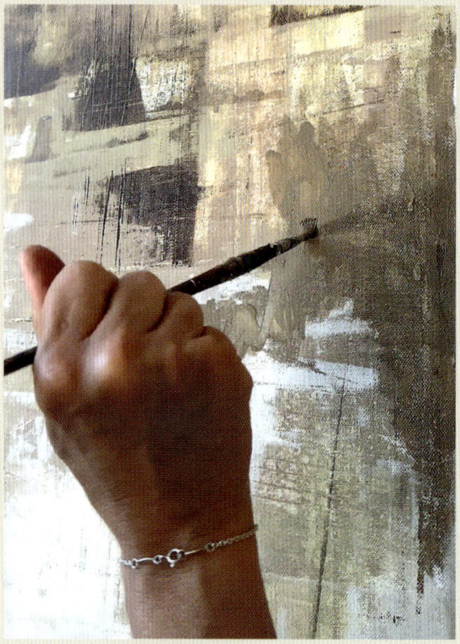

2

LOS GEHT´S!

1 Zuallererst befeuchtest du deinen Malgrund leicht mit Wasser. Am besten geht das mit der Wassersprühflasche. Nimm den Fensterwischer und verteile Titane Écru unordentlich auf der Leinwand. Lass die Farbe dann trocknen und befeuchte anschließend den Malgrund wieder leicht. Nur so lässt sich die Farbe gut verstreichen. Die zweite Schicht erstellst du, indem du Umbra mit dem Fensterwischer von links nach rechts und von oben nach unten über kleinere Flächen ziehst. Diese Technik wende ich häufiger an. Mir gefallen die geometrischen Formen, die dabei entstehen.

2 Bevor du mit der dritten Schicht beginnst, muss dein Bild trocken sein. Nun verteile wenig Van-Dyck-Braun mit der gerade beschriebenen Technik über das untere Drittel deiner wieder leicht angefeuchteten Malfläche. Die beiden unteren Schichten sollen aber noch sehr gut zu sehen sein. Achte bitte darauf, dass du nicht zu viel von der dunklen Farbe verwendest. Ca. zwei Drittel der Leinwand sollen heller sein. Der goldene Schnitt lässt dein Kunstwerk harmonischer auf den Betrachtenden wirken.

Bemale kleinere Flächen deines Bildes ganz nach deinem Harmonieempfinden mit Raw Umber. Verwende hier einen kleineren Borstenpinsel (ca. Größe 10). Bitte habe keine Angst, etwas falsch zu machen. Dein Bild soll vielseitig sein. Es wird noch viel passieren.

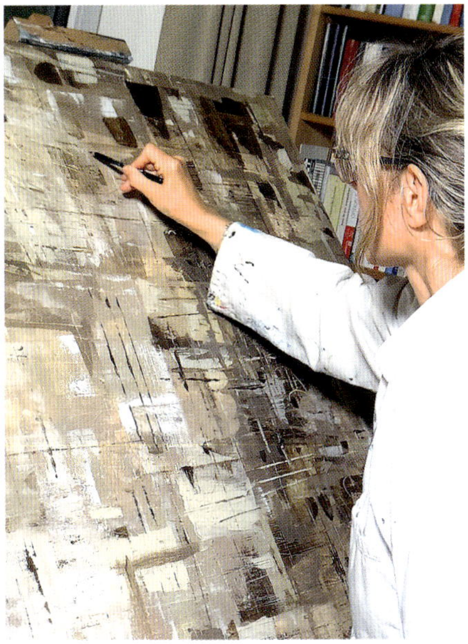

3

3 Die Farben müssen wieder trocknen. Nun kommt der Teil, der mir am meisten Spaß macht. Tobe dich mit deinen Ölpastellen aus. Male schöne Schwünge und vertraue dabei auf dein Bauchgefühl. Hauche so deinem Bild Seele ein. Nimm deinen Kohlestift und ziehe Linien. Durchbrich damit Flächen. Dein Harmonieempfinden wird dich dabei leiten. Während des Malens denkst du vielleicht an ein dir wichtiges Wort und dessen Bedeutung. Schreibe es mit dem Acrylstift auf dein Gemälde. Du kannst das Wort dann stehen lassen oder auch teilweise oder ganz mit Farbe überdecken. Auf jeden Fall erhält dein Kunstwerk dadurch eine persönliche Note.

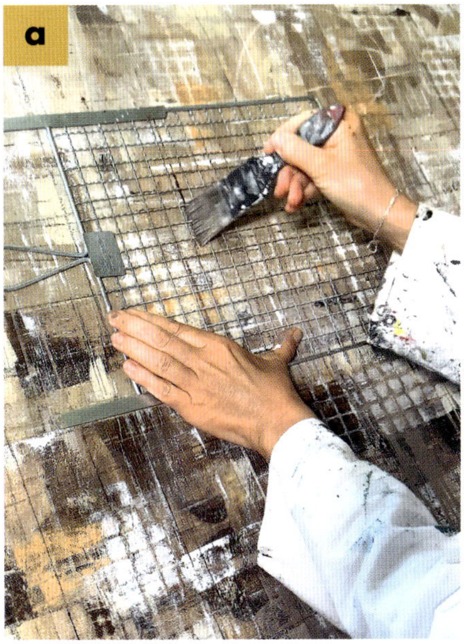

4

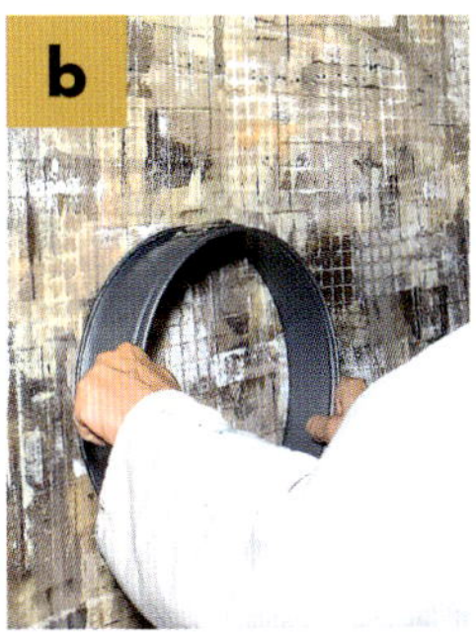

4a Jetzt verwendest du das Abtropfsieb. Lege es in regelmäßigen Abständen auf deinen gesamten Malgrund und bestreiche es mit einem trockenen, dickeren Pinsel und wenig Farbe. Nimm dabei die Farben, die du schon verwendet hast. Ich habe fast nur Weiß verwendet. Du kannst auch mit dem Sieb stempeln. Einfach Farbe direkt auf das Gitter auftragen und dann auf die Leinwand pressen. Hierbei entstehen interessante Muster, und die vielen Farbschichten geben deinem Bild Tiefe.

4b Die schönen Kreise erhältst du, indem du deine Backform mit Farbe bestreichst und diese dann auf dein Gemälde drückst. Ich habe hier Weiß, Van-Dyck-Braun und Schwarz verwendet. Ich würde dir raten, die Position der Kreise von deiner Intuition bestimmen zu lassen. Meine Kreise sollen das Vollkommene symbolisieren. Die vollkommene Schönheit oder das vollkommene Glücksgefühl. Wenn du ein anderes Symbol fühlst, das du stempeln möchtest, dann mach das gerne.

LOVE WHISPERS

Dieses Gemälde habe ich im Winter gemalt. Ich war spazieren, und die Landschaft in dieser Jahreszeit hat mich stark beeindruckt. Ich mochte die verschiedenen Brauntöne in der Natur und die wunderschönen Bäume, die blätterlos in der spärlichen Wintersonne standen. Hier und da verdeckte ein Fleckchen Schnee die gefrorene Erde. Diese Impressionen wollte ich auf die Leinwand bringen.

DAS BRAUCHST DU

WERKZEUGE:	Kunststoffspachtel, Metallspachtel, Fensterwischer, Wassersprühflasche mit Wasser, Tuch
ACRYLFARBEN:	Van-Dyck-Braun, Raw Umber, Weiß, Schwarz, Warm Grey, Goldocker, Grau, Titane Écru, Bronze, Burnt Sienna, Green Grey
LEINWAND:	40 x 40 cm

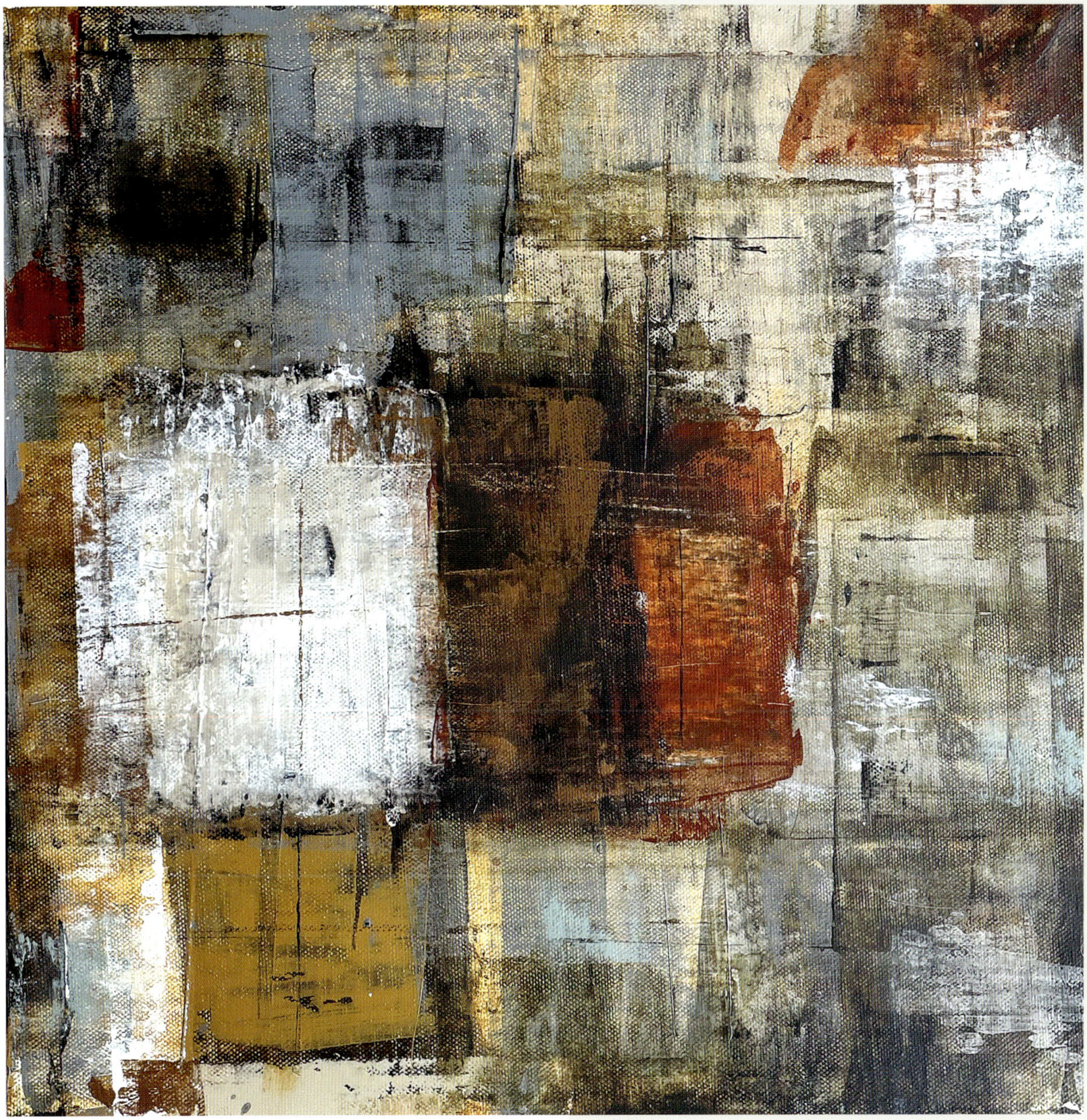

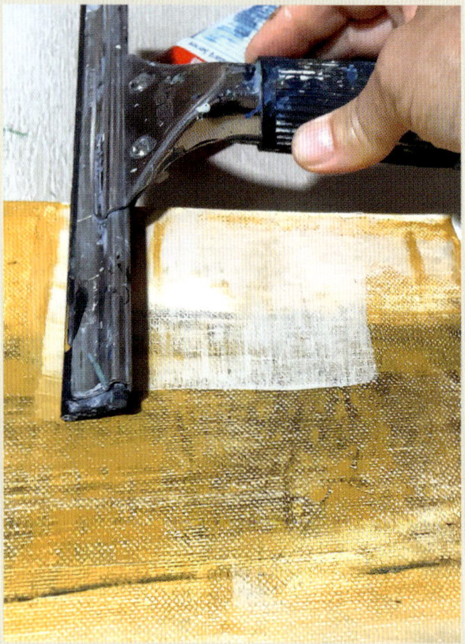

1

LOS GEHT´S!

1 Befeuchte deine Leinwand leicht und grundiere sie mit der Farbe Goldocker. Dann gib oben in die Mitte der Leinwand ein wenig Van-Dyck-Braun in die noch nasse Farbe und ziehe diese mit dem Fensterwischer nach unten. Das gemischte Braun soll ein großes Rechteck ergeben. Von einem Ende des Malgrundes bis zum anderen Ende. Jetzt gibst du noch einmal einen Klecks Van-Dyck-Braun links in die Mitte der Leinwand und ziehst wieder in Form eines Rechtecks die Farbe von links nach rechts. Nun lass die Farben trocknen.

Auf die angefeuchtete Leinwand gibst du danach ein wenig von der Farbe Titane Écru. Verteile die Farbe mit dem Fensterwischer, so dass ein kleineres ca. 8 cm großes Quadrat mit opaken und transparenten Stellen entsteht.

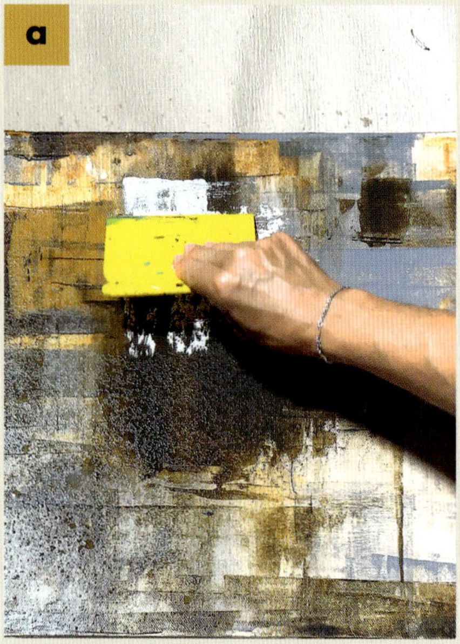

2

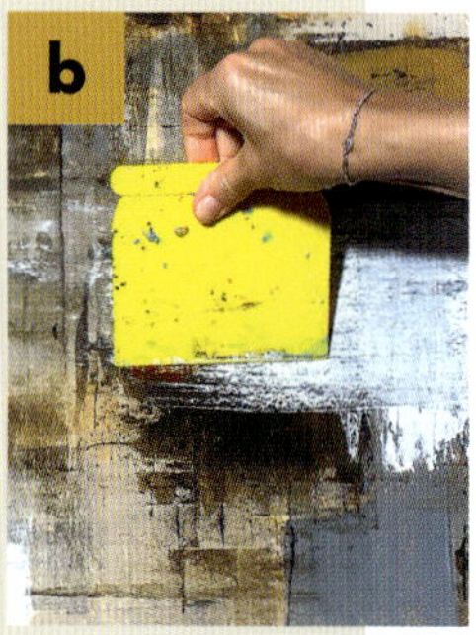

2a Trage immer mal Farbe auf die Spachtelkante und stemple damit Linien auf die Flächen. Dann nimm die Kunststoffspachtel und trage die Farben Umbra, Weiß und Grau auf. Achte wieder darauf, dass die Farben so verteilt werden, dass sie Quadraten oder Rechtecken ähneln. Denke daran, die Farben mal dick und mal dünn aufzutragen. Arbeite zügig und intuitiv und lass danach alles trocknen.

2b Verteile Weiß großzügig von der Mitte der Leinwand bis fast zum Rand. Die Form entspricht eher einem Rechteck als einem Quadrat. Lass dies wieder trocknen. Nun gib Burnt Sienna annähernd in die Mitte des Malgrundes und verteile die Farbe. Diesmal ähnelt die Form wieder einem Quadrat.

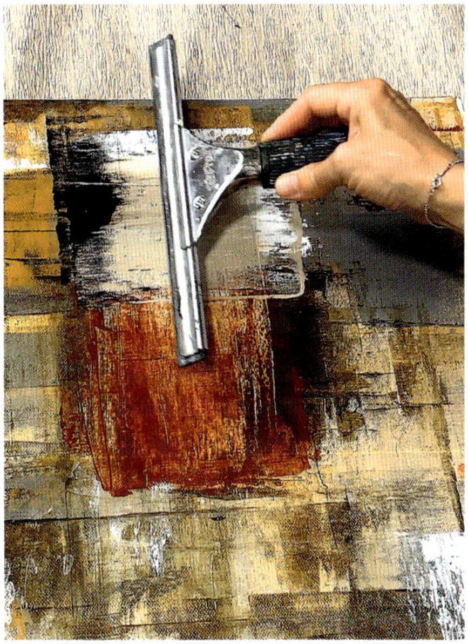

3

3 Gib die Farbe Van-Dyck-Braun in die Mitte. Nun verteile die Farben Green Grey, Warm Grey, Goldocker und Grau wie oben beschrieben mit der Kunststoff- oder Metallspachtel um das Zentrum des Bildes herum. Jede Farbe soll ca. dreimal in regelmäßigen Abständen vorkommen. Das wirkt auf den Betrachtenden harmonisch. Es kann auch nur ein Hauch eines Quadrats zu sehen sein, gerade noch erkennbar. Lass die Farben immer wieder trocknen, damit sie sich nicht mischen. Geh hier bitte ganz nach deinem Gefühl vor. Wenn dir die Anordnung deiner Farben nicht gefällt, kannst du einfach die Farbe trocknen lassen und mit einer anderen Farbe darüberspachteln.

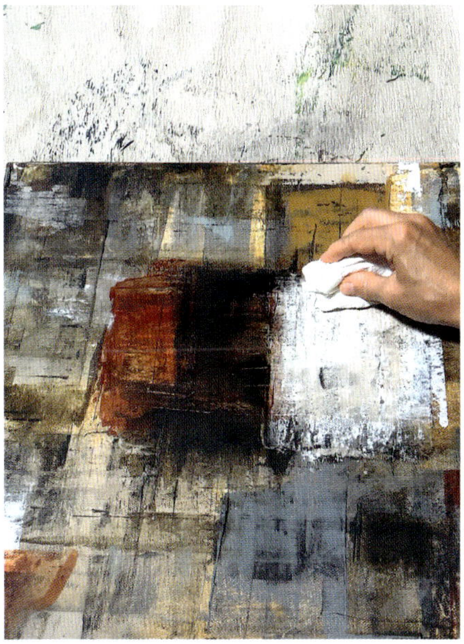

4

4 Lege dein Hauptaugenmerk auf das Zentrum des Gemäldes. Trage zum Schluss in die Mitte transparent Bronze auf das Van-Dyck-Braun. Diese Farbe schimmert sehr schön und ist das Besondere in deinem Bild. Verstreiche auf das übrige weiße Rechteck zum Rand hin ganz transparent Titane Écru. Lasse diese Farbe trocknen und dann spachtle darauf noch die Farbe Warm Grey. Arbeite bitte wieder sehr transparent. Du solltest die Farbe Weiß und Titane Écru noch gut durch das Warm Grey erkennen können.

DARK TIMES

Dieses Bild habe ich gemalt, als der Ukrainekrieg begonnen hat. Ich war zutiefst erschüttert und hatte das starke Bedürfnis, meine Gefühle auf die Leinwand zu bringen. Das hilft mir, schwierige Geschehnisse zu sortieren und zu verarbeiten. Den düsteren Ausdruck habe ich hauptsächlich durch meine Wahl der Farben erhalten. Bitte probiere auch immer mal Werkzeuge aus, die man normalerweise nicht zum Malen verwendet. Das macht unheimlich viel Spaß und fördert die Kreativität. Bei diesem Bild habe ich beispielsweise für den Farbauftrag einen Besen verwendet.

DAS BRAUCHST DU

WERKZEUGE:	zwei flache und breite Borstenpinsel, Handbesen
ÖLPASTELLE:	Weiß, Schwarz
ACRYLFARBEN:	Raw Umber, Van-Dyck-Braun, Schwarz und Gold, Beige
LEINWAND:	60 x 80 cm
STRUKTUR:	Zeitungspapier
WEITERE MATERIALIEN:	Baumwolltuch

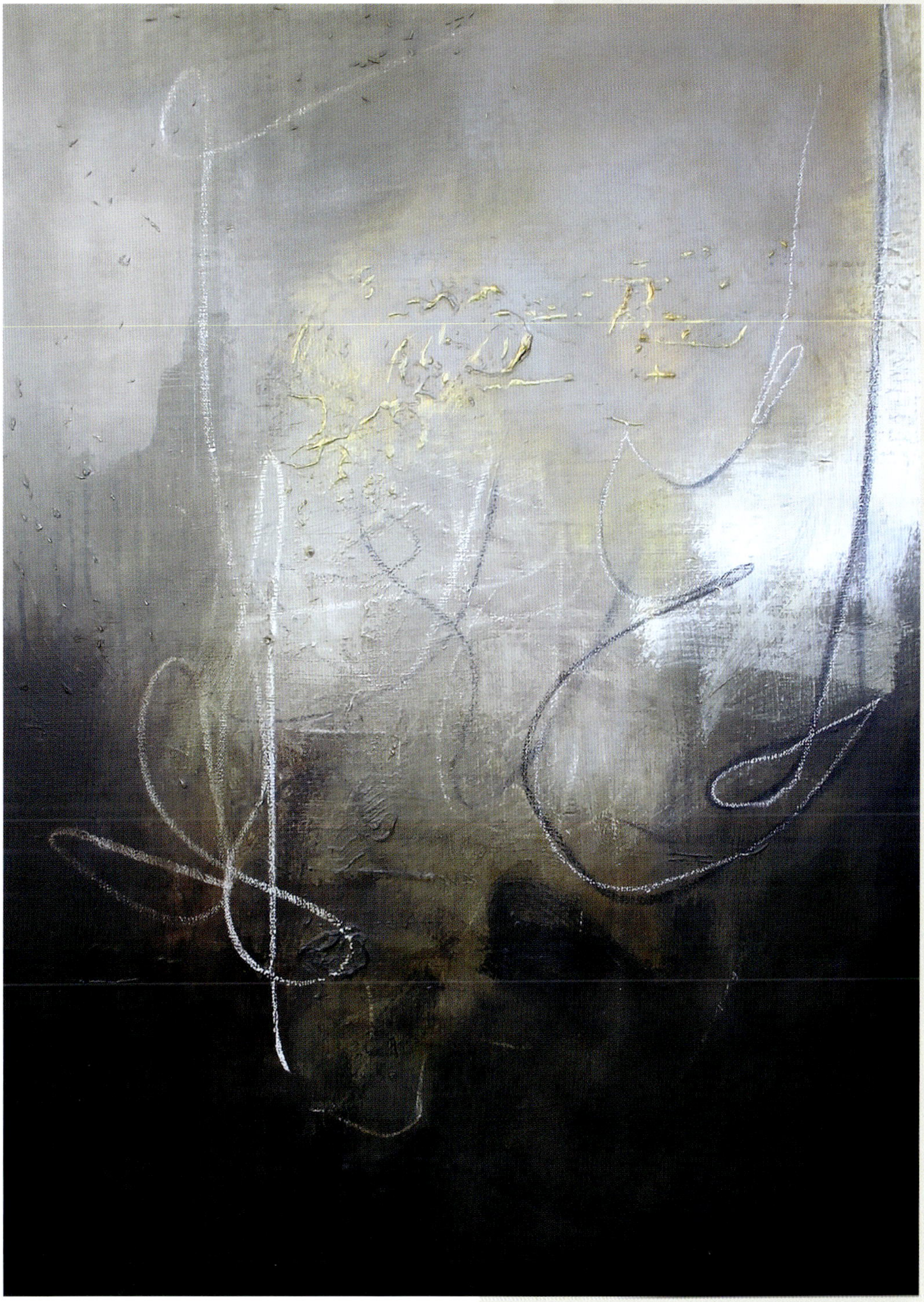

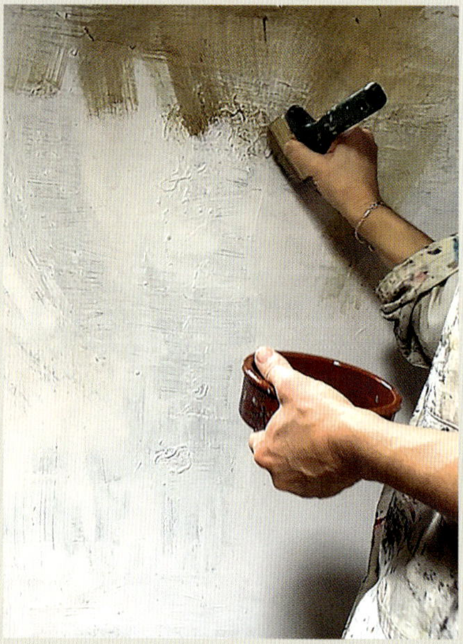

1

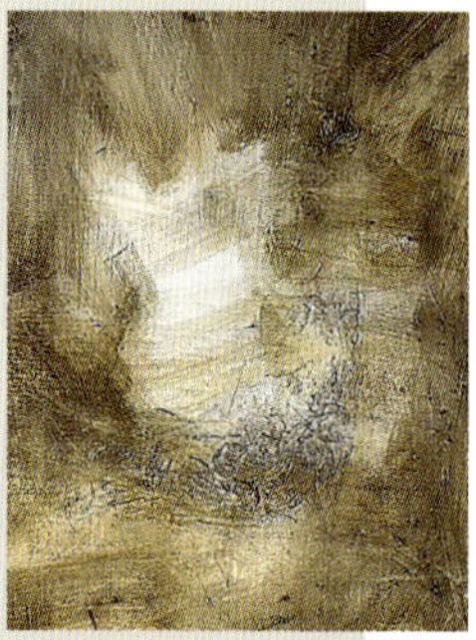

LOS GEHT´S!

1 Zuerst erstellst du die Struktur, indem du das Zeitungspapier mit weißer Acrylfarbe auf die Leinwand klebst und sie dann mit deinen Fingern zurechtformst. Nachdem die Struktur getrocknet ist, streichst du die Leinwand weiß und lässt diese Schicht wieder trocknen. Nimm einen dicken und feuchten Borstenpinsel (ca. 60 mm Breite) und verteile die Farbe Raw Umber von den Rändern des Bildes bis fast zur Mitte hin. Die Mitte kannst du nahezu weiß lassen. Bitte nimm reichlich Wasser, die Farbe soll dünn aufgetragen werden. Die weiße Schicht darunter soll noch durchscheinen. Diese Schicht muss wieder trocknen, bevor du weitermalst.

a

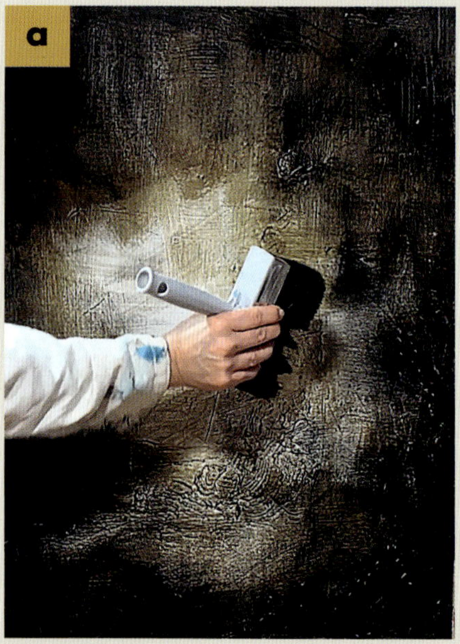

2

b

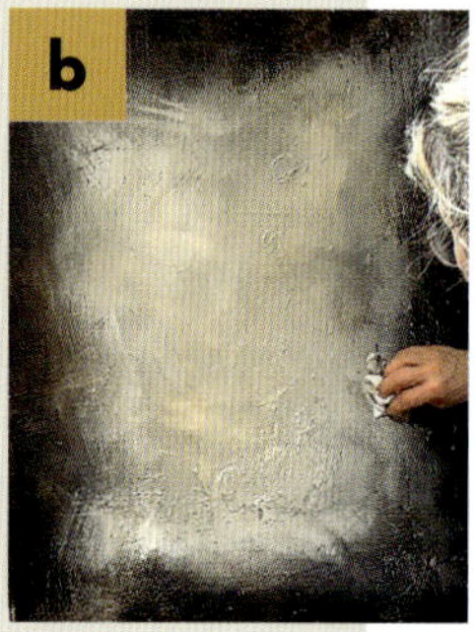

2a Führe dasselbe Prozedere mit einer Mischung aus Van-Dyck-Braun und Schwarz durch. Unbedingt wieder trocken lassen. Das dauert so ca. eine halbe bis ganze Stunde. Wenn man nicht so lange warten will, kann man auch vorsichtig die Farbe anföhnen. Die vielen Schichten geben dem Bild Tiefe.

2b Helle nun das Zentrum des Bildes mit einem Beigeton auf. Hierfür habe ich einen Handbesen zweckentfremdet. Versuche, mit schnellen Bewegungen nach links und rechts und/oder von oben nach unten die Farbe möglichst transparent aufzutragen. Nimm zu viel Farbe mit deinem feuchten Baumwolltuch ab.

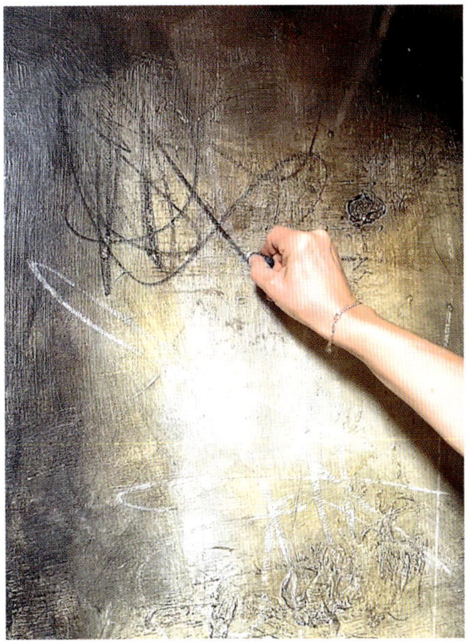

3

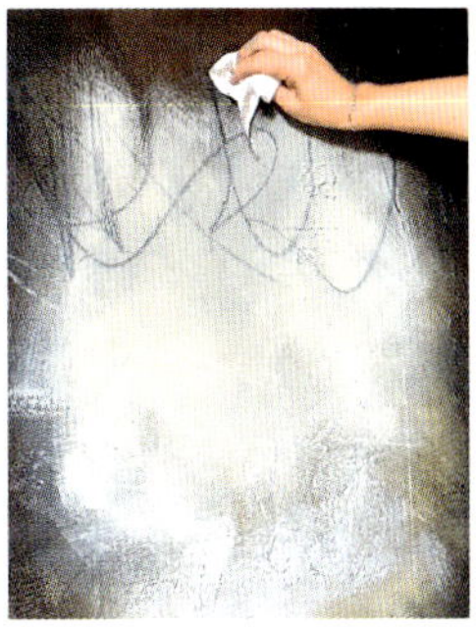

3 Auf der getrockneten Schicht habe ich mit meinen Ölpastellen große Schwünge gezogen. Ich vertraue da ganz auf meine Intuition. Sei bitte vollkommen frei und genieße die Bewegungen. Lass los! Ich verwende hier die Farben Schwarz und Weiß. Krieg und Frieden. Symbolisch bekämpfen sich die weißen und schwarzen Linien. Die verschiedenen Brauntöne unterstützen meine Geschichte und strahlen eine düstere Stimmung aus.

4 Bei diesem Bild kommt auch der Goldene Schnitt zum Einsatz, d.h. das untere Drittel wird dunkler als die oberen zwei Drittel gestaltet. Im oberen Bereich habe ich ein Weiß für die Hoffnung auf Frieden und ein Gold für den Triumph verwendet. Das untere Drittel habe ich mit schwarzen, kräftigen Borstenpinselstrichen intensiviert. Farbübergänge kannst du mit einem trockenen Borstenpinsel verschwinden lassen, indem du mehrmals zügig über die Farbübergänge streichst.

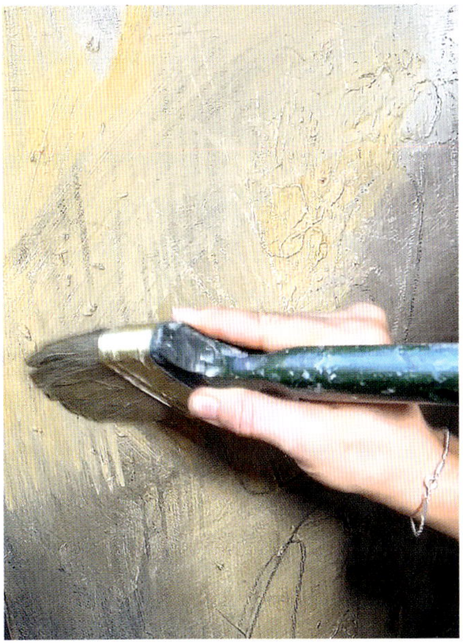

4

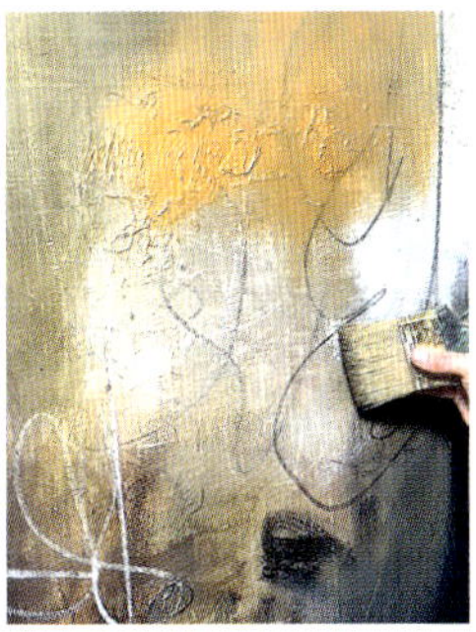

CHAOS TOWN

Zu diesem abstrakten Gemälde hat mich ein Foto von einem Sonnenuntergang in New York inspiriert. Ich wollte die einzigartige Stimmung einfangen, wenn die Sonne am Horizont verschwindet und dabei die schönsten Sonnenstrahlen kreiert. Der Tag neigt sich dem Ende zu, und auch wir Menschen kommen zur Ruhe. Die warmen Farben des Abendlichts entspannen uns. Durch die Technik mit dem Fensterwischer sind viele Linien entstanden, die in diesem Bild Wolkenkratzer darstellen sollen. Dynamische Linien sollen die positive Energie eines Sonnenuntergangs ausdrücken. Die Kreise stehen für mich für das vollendete Glück.

DAS BRAUCHST DU

WERKZEUGE:	Fensterwischer, Pappbecher, Kuchenform, Wassersprühflasche mit Wasser
ÖLPASTELLE:	Schwarz, Weiß, Dunkelbraun, Orange
STIFTE:	Kohlestift Schwarz
ACRYLFARBEN:	Schwarz, Titane Écru, Weiß, Green Grey, Goldocker
LEINWAND:	50 x 40 cm
STRUKTUR:	Seidenpapier

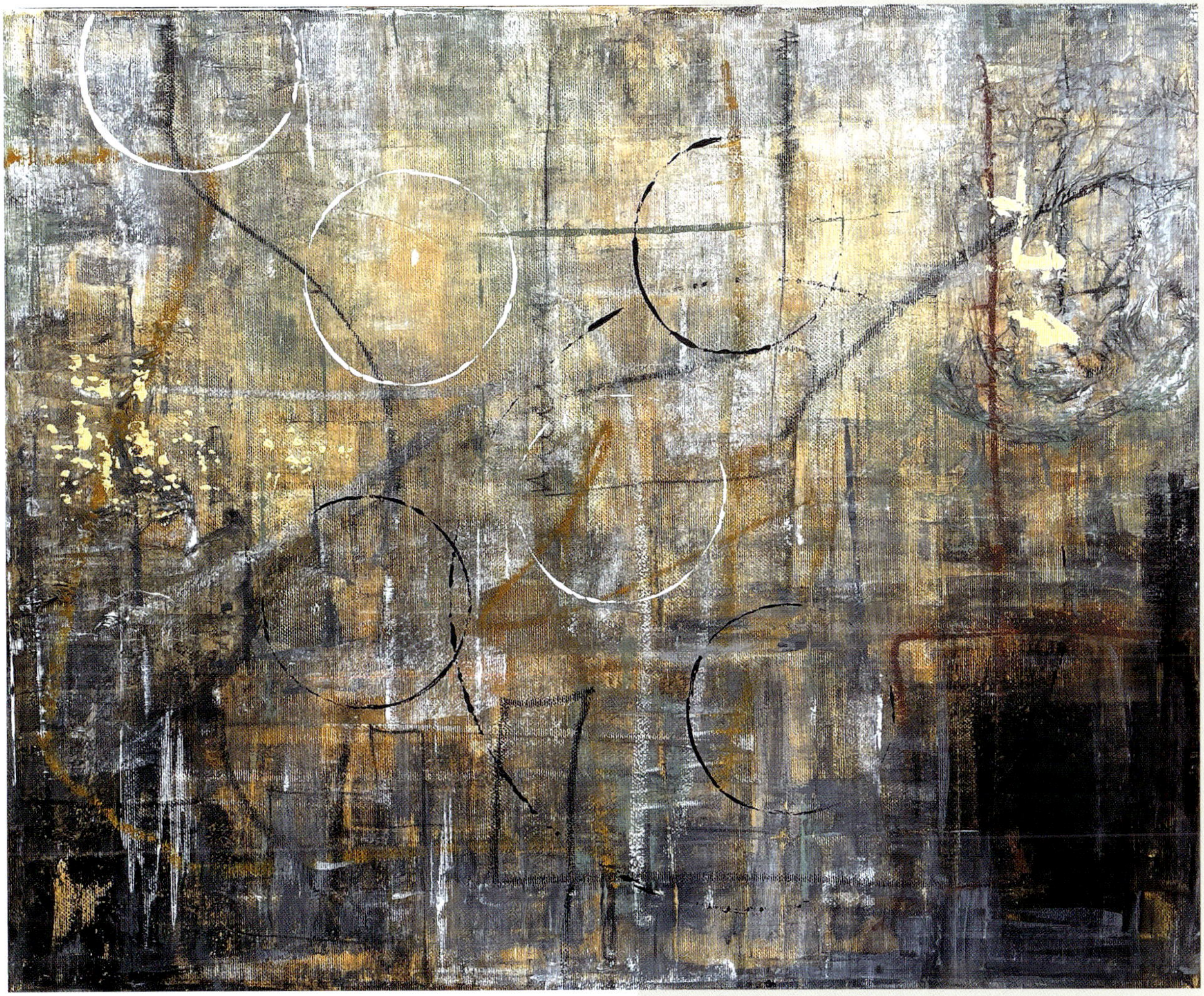

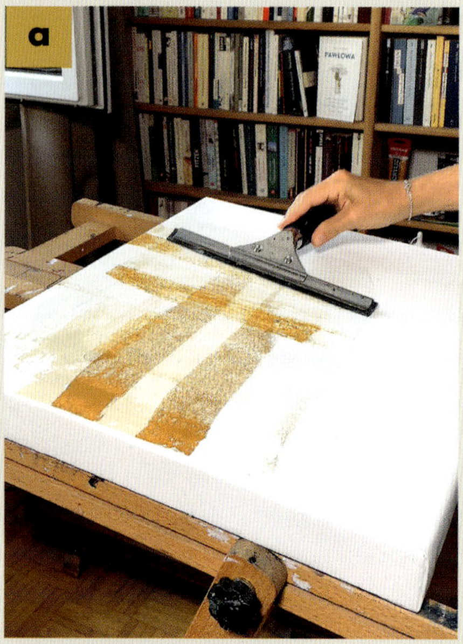

a

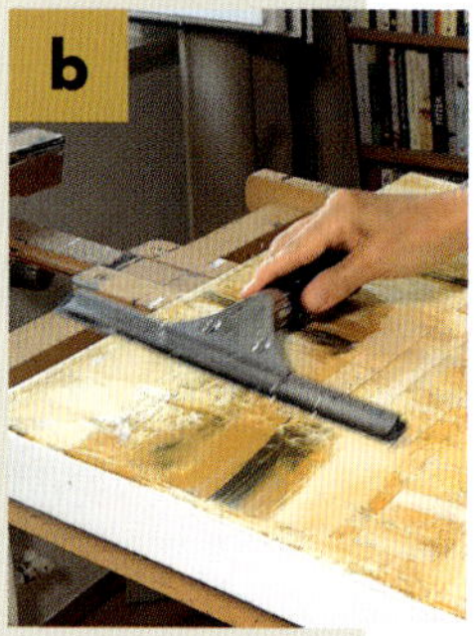

b

1

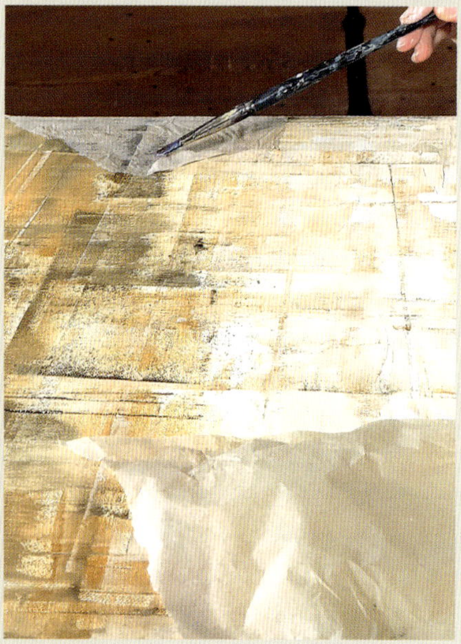

2

LOS GEHT´S!

1a Besprühe deine Leinwand leicht mit Wasser. Lege sie waagrecht hin und gib links oben zwei Kleckse Titane Écru und jeweils Goldocker darauf. Verziehe die Farben mit dem Fensterwischer ca. 20 cm nach rechts, setze ab, und ziehe sie nach unten bis etwa zur Hälfte der Leinwand. Setze dein Werkzeug wieder oben an, ungefähr da, wo du vorher aufgehört hast zu ziehen, und ziehe dort weiter nach rechts bis zum Rand und nach unten zur Mitte. Drehe die Leinwand nun senkrecht und wiederhole das ganze Verfahren. Dann lass alles trocknen.

1b Nun nimm die Leinwand wieder waagrecht und gib links oben einen Klecks Van-Dyck-Braun und noch einmal direkt daneben einen Klecks Goldocker darauf. Wiederhole das beschriebene Verfahren aus Schritt 1a. Durch diese Technik entstehen sehr viele Linien, die den Wolkenkratzern New Yorks ähneln. Bestäube die Leinwand immer mal mit Wasser aus dem Zerstäuber, wenn du merkst, dass die Farbe nicht mehr so leicht zu verziehen ist.

2 Um eine interessante Struktur auf deine Leinwand zu bekommen, nimm das Seidenpapier, reiße kleinere Stücke heraus und klebe diese rechts und links auf deine Leinwand. Die Farben aus der ersten Schicht sollten unbedingt noch feucht sein, da Acrylfarbe ausgezeichnet klebt. Drücke das Papier mit den Händen fest. Erhebungen und Furchen sind erwünscht. Achte auf die Ränder des Papiers, diese sollten gut am Untergrund haften. Jetzt muss das Gemälde gut durchtrocknen.

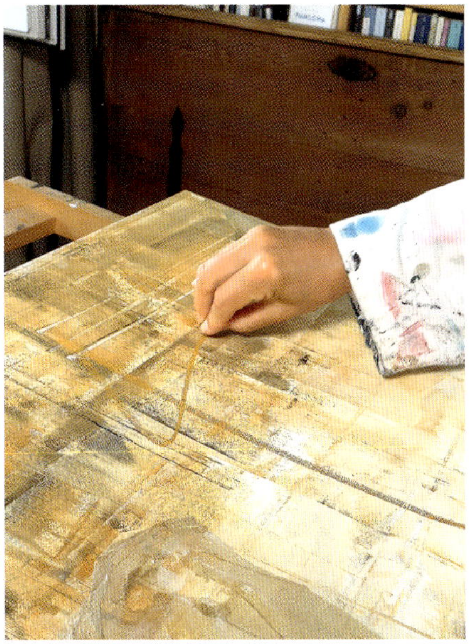

3

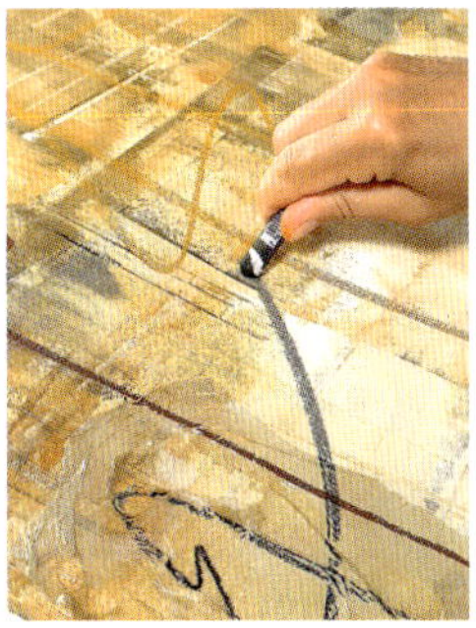

3 Auf der trockenen Leinwand kannst du nun mit deinen Ölpastellen schöne Linien ziehen. Verwende alle vier Farben und werde kreativ. Dazu gibt es keine konkrete Anleitung, sei einfach frei. Vielleicht schreibst du auch ein Wort, das für dich eine besondere Bedeutung hat. Gib deinem Kunstwerk eine Seele. Du wirst durch weitere Farbschichten viele Linien ganz oder teilweise wieder abdecken.

4a Jetzt geht es weiter mit dem Fensterwischer. Verteile zuerst Schwarz im unteren Drittel der Leinwand. Dieses muss wieder trocken sein, bevor du Weiß, das stark mit Wasser verdünnt ist, über das ganze Bild verteilst. Das Schwarz ist nun nicht mehr so plakativ. Nachdem die Farben getrocknet sind, gehst du genauso mit den Farben Green Grey (großflächig) und Grau (transparent im unteren Drittel) nacheinander vor. Ab und zu solltest du die Farben ein wenig dicker stehen lassen. Du kannst nun teilweise die unteren Schichten und Linien sehen und teilweise nicht. Dann lass alles wieder trocknen.

4b Um dein Bild noch interessanter zu gestalten und Flächen zu unterbrechen, kannst du mit einem schwarzen Kohlestift Muster und Linien ziehen. Dann nimmst du einen Pappbecher und bestreichst den oberen Rand des Bechers mit der entsprechenden Farbe. Stemple mehrere weiße und schwarze Kreise, bloß bitte keine ganzen Kreise direkt an den Rand des Gemäldes. Das sieht nicht so gut aus. Zu guter Letzt vergoldest du zwei kleinere Bereiche links und rechts in der Nähe der Harmoniepunkte in deinem Bild.

a

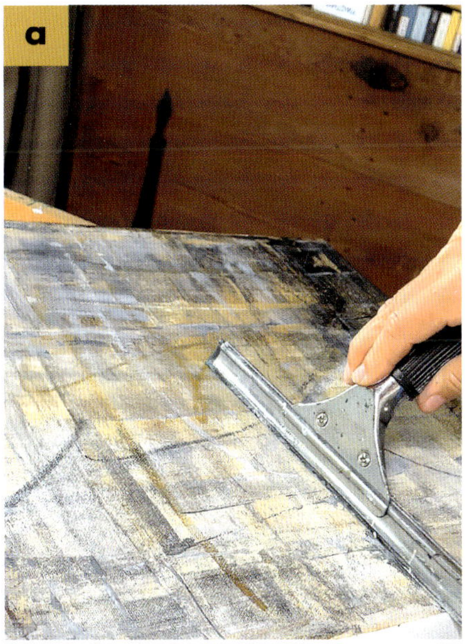

4

b

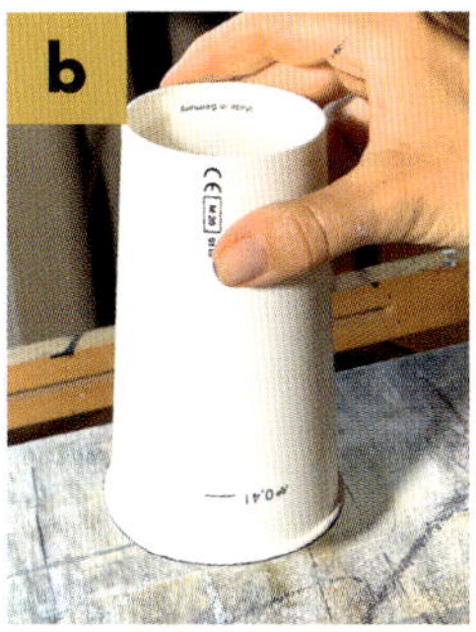

UNTITLED

Mein erstes Bild ohne Titel. Betrachter*innen sollen das Bild ganz frei interpretieren können. Das Gemälde ist in Erinnerung an einen Spaziergang in Österreich entstanden. Ich stand früh am Morgen auf einem Berg, und der Nebel schwebte über dem Tal. Die Szenerie hatte etwas Unheimliches, aber auch etwas Friedliches. Links vorne ist eine schwarze Gestalt. Diese ist einfach entstanden. Wenn man beim Malen auch auf die eigene Intuition hört, passiert so etwas manchmal. Als ich nach der Fertigstellung mein Bild betrachtete, war mir dann aber auch schnell klar, was dieses schwarze Wesen für mich bedeutet ...

DAS BRAUCHST DU

WERKZEUGE:	zwei flache und breite Borstenpinsel (ca. 2 cm), Kunststoffspachtel ca. 8 cm breit, evtl. eine Zahnspachtel, Wassersprühflasche mit Wasser
ÖLPASTELLE:	Weiß, Schwarz, Braun, Blau, Rot, Grün
ACRYLFARBEN:	Van-Dyck-Braun, Green Grey, Schwarz, Weiß, Raw Umber, Olivgrün dunkel, Titane Écru, Beige, Goldocker
LEINWAND:	60 x 80 cm
WEITERE MATERIALIEN:	Baumwolltuch, recycelte Alufolie

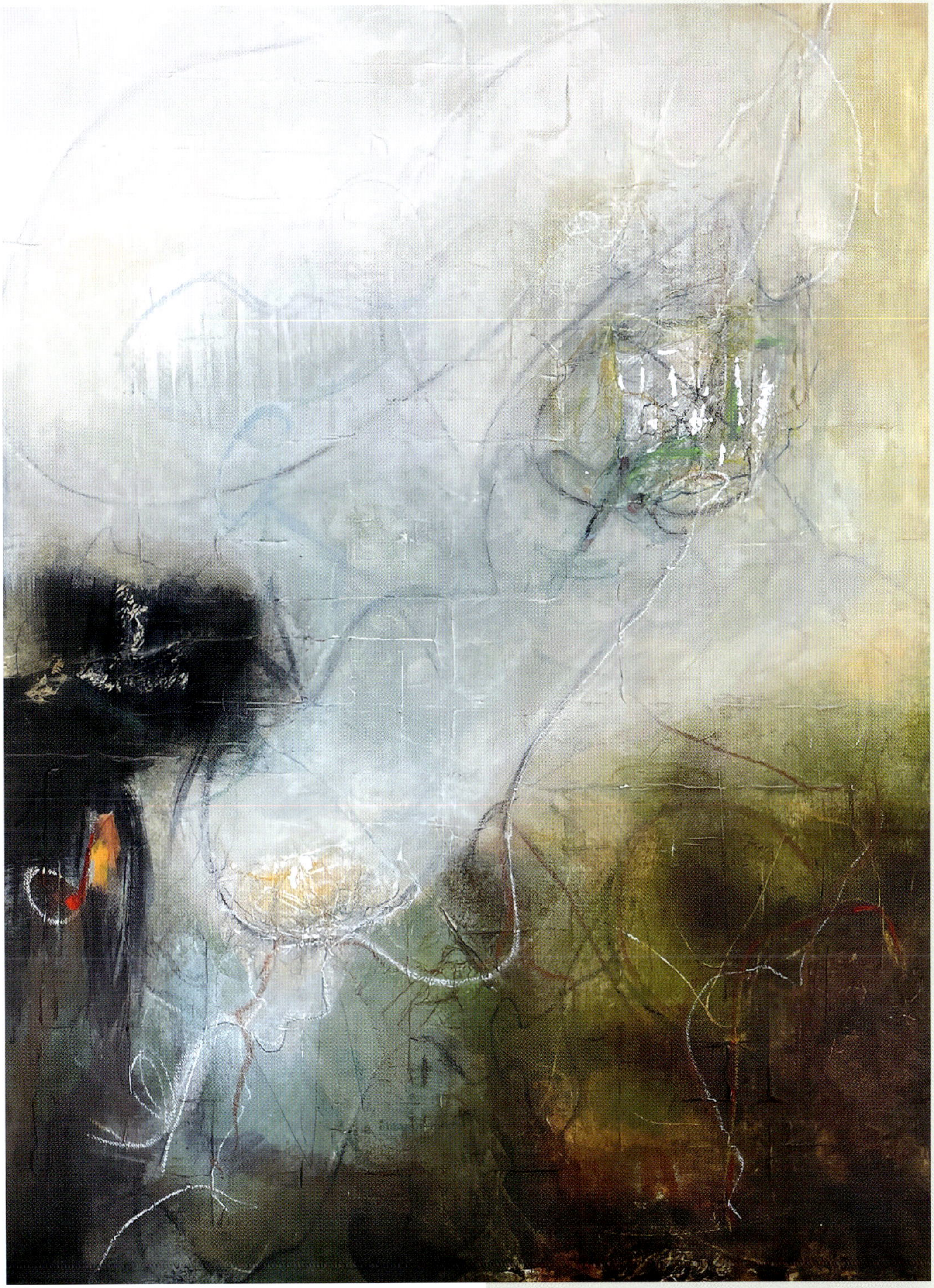

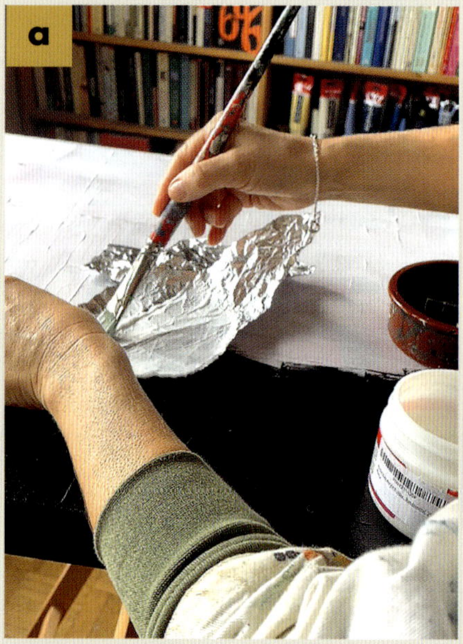

1

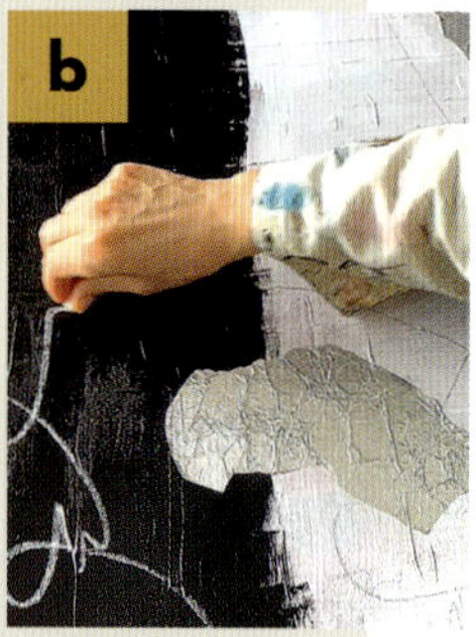

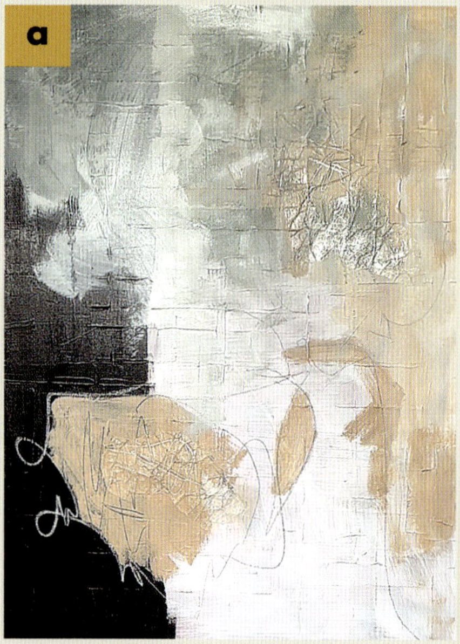

2

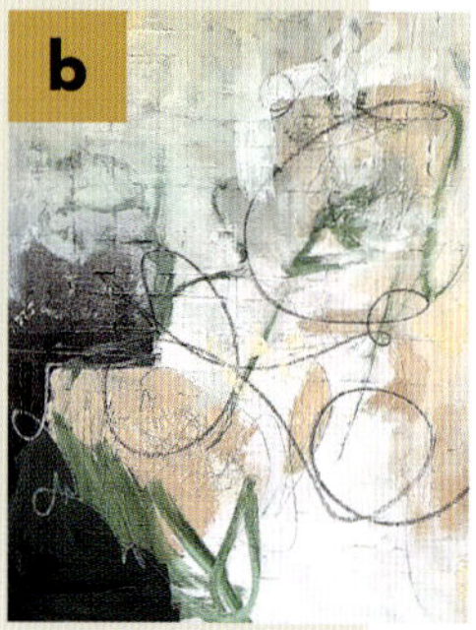

LOS GEHT´S!

1a Grundiert habe ich mein Bild – unter Einhaltung des Goldenen Schnitts – mit einer Spachtel und pastosen Farben: Schwarz im unteren Drittel und Weiß in den oberen zwei Dritteln. Bitte probiere dich aus und platziere die Farben so, wie es dir gefällt. Mal dicker, mal dünner. Ziehe Furchen, z. B. mit einer Zahnspachtel. Lasse die Farben mindestens einen Tag trocknen, bevor du mit der Alufolie weiterarbeitest. Zerreiße diese und klebe sie mit Acrylfarbe auf. Bemale auch die Ränder der Folie mit Weiß für einen besseren Halt der Ränder.

1b Nun kommen die Ölpastelle zum Einsatz. Mit Schwarz und Weiß habe ich intuitiv verschiedene Linien gezogen. Um einen starken Kontrast zu schaffen, habe ich die weiße Farbe auf dem schwarzen und die schwarze Farbe auf dem weißen Untergrund aufgetragen.

2a Nimm Green Grey und Beige und verteile diese mit einem breiten und angefeuchteten Borstenpinsel großflächig und transparent auf den oberen Teil deines Bildes. Eine kleinere Fläche Beige kommt auch in den unteren Teil des Gemäldes. Verstreiche die Übergänge mit dem trockenen Borstenpinsel, um weichere Übergänge zu erhalten. Mit einem dünneren Borstenpinsel (flach, ca. 2 cm Breite) ziehe ich in Olivgrün einzelne und gröbere Pinselstriche.

2b Auch die Ölpastelle kommen bei dieser Schicht wieder vor. Tobe dich bei den Schwüngen mit weißer und schwarzer Ölpastelle weiter aus – trau dich!

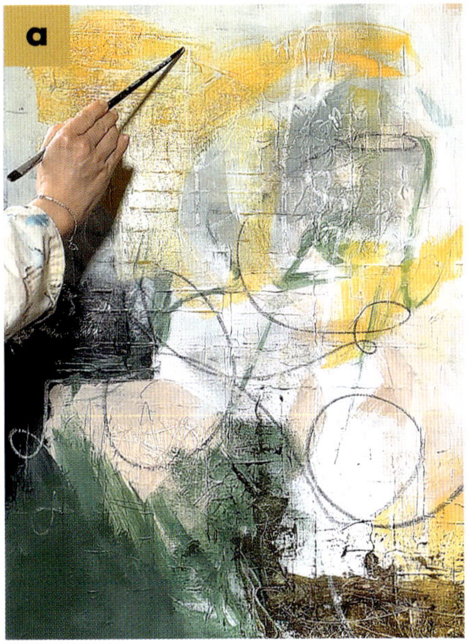

3

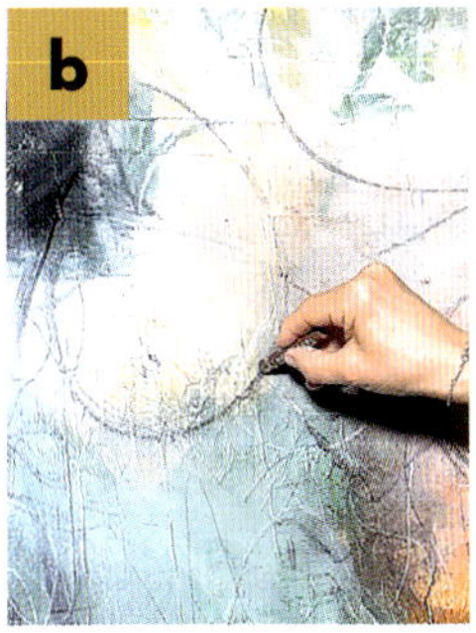

3a Lass die Schichten wieder trocknen. Dann verteile ein wenig Goldocker dünn auf den oberen Teil des Bildes. Diese Schicht übermalst du wieder, nachdem sie getrocknet ist, mit einer transparenten Schicht Weiß. Die untere Farbe scheint dann leicht durch das Weiß durch. So entsteht der Eindruck, als ob Nebel die aufgehende Sonne verdecken würde.

3b Für noch mehr Lebendigkeit im Bild, kratze immer mal wieder mit dem Pinselstiel Linien in die noch feuchte Farbe. Du kannst auch mit den Ölpastellen jederzeit Muster malen. Vertraue da ganz auf deine Intuition.

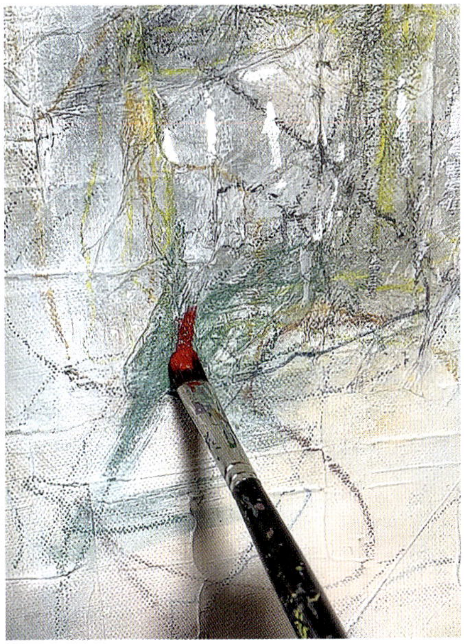

4

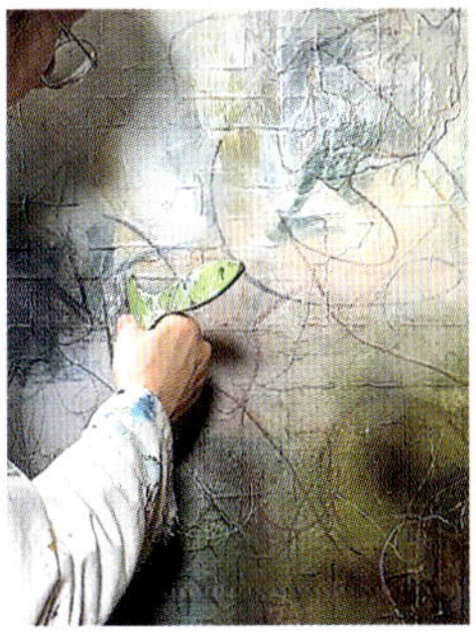

4 Male immer mal kleine Details mit einer Komplementärfarbe (hier habe ich Rot auf Grün verwendet) in dein Bild. Du kannst diese Details dann auch wieder verstecken, indem du sie teilweise übermalst. Oft ergibt sich etwas Großartiges aus dem Nichts. Bitte gib dich deiner Kunst hin und schalte deinen Kopf aus. Deiner Fantasie sind keine Grenzen gesetzt.

ÜBER DIE AUTORINNEN

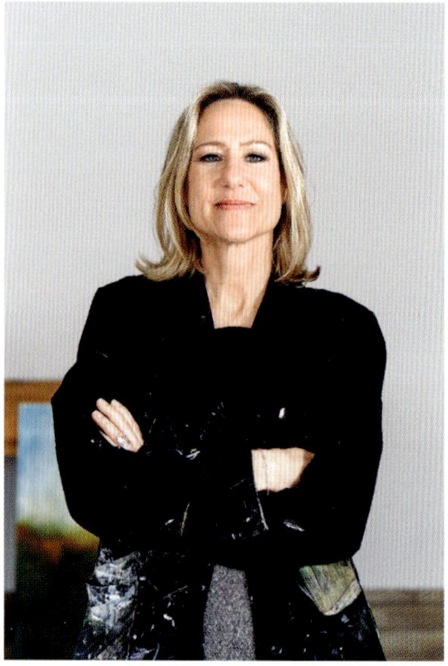

Schon als kleines Mädchen liebte es Petra Wolf (geb. 1970), kreativ zu sein. Sie malte, zeichnete und bastelte, wann immer sie nur konnte. Liebevoll unterstützt wurde sie dabei von ihrem Großvater, einem Maler, der sie in die Welt der Kunst einführte. Seither ist Kunst ein fester Bestandteil ihres Lebens. „Zum Glück gehört Mut!" – an diesem Satz hält Petra Wolf seit vielen Jahren fest und stellt sich immer wieder neuen Herausforderungen. Nach dem Verlust von zwei geliebten Familienmitgliedern brauchte sie jedoch nicht mehr nur Mut, sondern auch ein Ventil, um mit dem Geschehenen auf eine positive Weise umzugehen. So gründete sie im Jahre 2021 zusammen mit ihrer Tochter ihre Marke „WOLF'S HEART" und teilt ihren künstlerischen Schaffensprozess mit ihren über 120.000 Followern auf den sozialen Netzwerken.

www.wolfs-heart.de

@petrawolfsheart

Sophie Ilkay, geb. 1996 in München, ist Social Media Managerin und Coach und erlangte 2020 ihren Bachelor of Arts in Marketing und Digitale Medien. Nach ihrem Abschluss gründete sie zusammen mit ihrer Mutter Petra Wolf die Marke „WOLF'S HEART" und leitet seitdem den Künstleraccount „@petrawolfsheart", der innerhalb eines Jahres Millionen von Menschen erreichte. Zudem hilft sie als Social Media Coach anderen Kreativen, ihre eigenen Ziele auf den sozialen Plattformen zu erreichen und ihre Kunst online sichtbar zu machen.

www.sophie-ilkay.de

@sophiewolfsheart

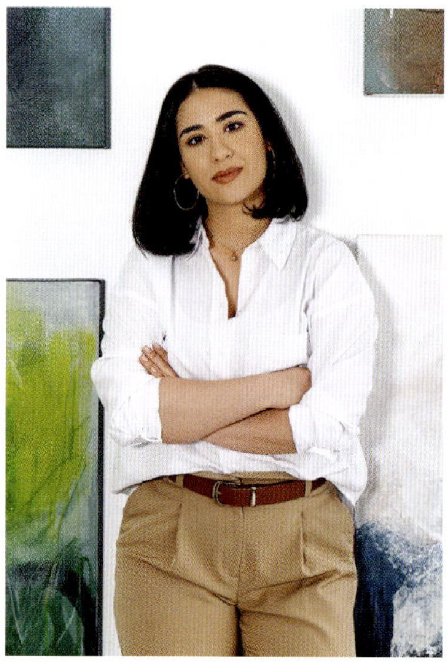

LIEBE*R KÜNSTLER*IN,

wir hoffen, dieses Buch hat dir gefallen.

Ich habe mir sehr viel Mühe gegeben, dir die wichtigsten Grundlagen zum abstrakten Malen mit Acryl nahezubringen und dich zu inspirieren. Ich kann dir jetzt nur noch raten, den Pinsel in die Hand zu nehmen und anzufangen, zu malen. Experimentiere! Nimm dir die Zeit, um herauszufinden, was dir gefällt und welche Technik dir liegt. Ich jedenfalls wünsche dir ganz viel Spaß dabei.

Deine Petra

Ich weiß, wie schwer es am Anfang sein kann, sich eine Onlinepräsenz aufzubauen. Uns ging es nicht anders. Daher hoffe ich, ich konnte dir mit meinem Leitfaden helfen und dir ein kleines bisschen Mut zusprechen, deine Kunst einem größeren Publikum zu zeigen. Denke aber immer daran: Auch wenn das Leiten eines Social Media Accounts viel Arbeit ist und Geduld erfordert, soll es in erster Linie Spaß machen. Hab Freude daran, Videos zu erstellen, dein Wissen und deine Kunstwerke zu teilen und dir eine Community aufzubauen – denn das ist gleichzeitig auch der Schlüssel zum Erfolg.

Deine Sophie

WIR SAGEN DANKE.

Als Erstes möchten wir uns für die Veröffentlichung unseres Buches beim EMF Verlag bedanken. Ein großes Dankeschön auch an unsere Ansprechpartnerin Saskia Hauck, die uns hilfreich und zuvorkommend zur Seite stand, als wir das Buch geschrieben haben.

Wir bedanken uns selbstverständlich auch bei unserer Community auf Instagram und TikTok, ohne die dieses Buch vermutlich nicht zustande gekommen wäre.

Vielen Dank an unsere tollen Männer, Ingo und Ilker, die immer hinter uns standen und uns den Rücken freigehalten haben. Pablo und Nelly, ihr werdet immer in unserem Herzen sein.

Bedanken will ich mich auch bei meinem Großvater, Anton Schindele, der mir auf liebevolle Art und Weise die bildende Kunst nähergebracht hat.

IMPRESSUM

Bibliografische Information der Deutschen Bibliothek.

Die Deutsche Bibliothek verzeichnet diese Publikation in der Deutschen Nationalbibliografie.

Detaillierte bibliografische Daten sind im Internet über http://www.dnb.de/ abrufbar.

EIN BUCH DER EDITION MICHAEL FISCHER

1. Auflage 2023

Covergestaltung: Anna Obermüller
Redaktion und Lektorat: Saskia Hauck
Layout & Satz: Janine Kühnle

ISBN 978-3-7459-1348-4

Gedruckt bei PNB Print SIA „Jansili", Silakrogs,
Ropazu novads, LV-2133, Lettland

www.emf-verlag.de

Bildnachweis:

Alle Illustrationen von den Autorinnen, ausgenommen Hintergrund auf S. 3, 7, 33 und 45: © Ksenia Baranchukova/Shutterstock; Pinselstrich auf S. 7 und „Los geht's": © Nick N A/Shutterstock; Pinselstriche „Petras Tipp", „Das brauchst du", S. 8, 18, 24, 28 und 31: © Anastasiia Gevko/Shutterstock; S. 21: © Mark Rademaker/Shutterstock; Würfel auf S. 31: © ace03/Shutterstock; Pinselstrich auf S. 33: © New Africa/Shutterstock; S. 37: © Artvictory/Shutterstock; S. 42: © Timofeys/Shutterstock; Pinselstrich auf S. 45: © Ikat design/Shutterstock.

Alle Fotos von den Autorinnen (und Fotografin Sapna Richter), ausgenommen S. 16: © Lifestyle Graphic/Shutterstock; S. 17: © Mehaniq/Shutterstock; S. 35: © Rawpixel.com/Shutterstock.

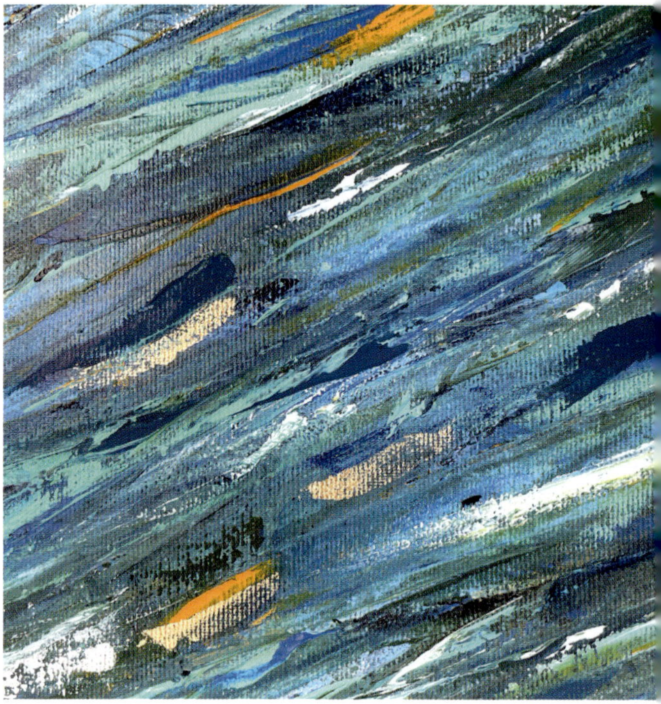